人为什么活着

陈全忠 著

中国商业出版社

图书在版编目（CIP）数据

人为什么活着 / 陈全忠著. — 北京：中国商业出版社，2019.7

ISBN 978-7-5208-0778-4

Ⅰ. ①人… Ⅱ. ①陈… Ⅲ. ①人生哲学—通俗读物 Ⅳ. ① B821-49

中国版本图书馆 CIP 数据核字 (2019) 第 109454 号

责任编辑：王彦

中国商业出版社出版发行
010-63180647 www.c-cbook.com
(100053 北京广安门内报国寺 1 号)
新华书店经销
天津兴湘印务有限公司印刷

* * * * *

710 毫米 ×1000 毫米　1/16 开　12 印张　130 千字
2019 年 10 月第 1 版　2019 年 10 月第 1 次印刷

定价：39.80 元

* * * * *

（如有印装质量问题可更换）

目录 CONTENTS

- 1 寻找"亚心"
- 3 善待一只鸟儿
- 7 让规则看守世界
- 11 百事之成,必在敬之
- 17 直视黑色秃鹰
- 21 签名
- 23 知与行
- 25 在某个深夜,替内心作答
- 29 跑不过风,但要跑得过流言
- 31 当青木瓜凋老
- 35 没有不痛的人生
- 37 一个糟蹋了青春的懦夫
- 39 悔
- 43 怪博里的人生导师
- 47 重重跌倒
- 51 碎片,或者璞玉
- 55 我们都曾是卑微的种子
- 59 被一个村庄慢慢遗忘
- 63 格吧格吧,青春
- 67 下坡路
- 69 假如生活欺骗了你
- 73 好运气,好能力
- 75 热爱自己

77	徒劳之美
81	人人心中有颗北极星
85	那些花儿
89	何以慰饥肠，何以去忧伤
93	城里的月光把梦照
97	遇见八月的芬芳
99	年味儿
103	父子游戏
107	人生最大的困难是自我局限
111	遇见未知
113	如果你对生活微笑
117	走在拥挤的路上
123	多年不见
127	大地上的读书人
131	毕业季，读书季
135	"YES"的背后是"NO"
137	月光照不亮沥青路
141	月光下的遇见
145	放下
147	守拙
149	勤劳的人节制勤劳
153	亲近生命，像牛羊亲近青草
157	玩物励志
161	太早或太晚
163	爱的修炼
167	爱的递进式
171	善是精神的契约
173	你有没有被这个世界温柔地待过
177	追寻爱的微光
181	生日
185	让弱者同情你

寻找"亚心"

10年前,一个身心疲惫的年轻人踏上了流浪之旅。他刚被单位辞退,又与恋人分离,然后和家里闹翻。他用年轻人的火气烧毁了一个个接纳他的地方,他只有用出走来证明自己存在的价值。他拥有躁动的年轻人的所有毛病,但陌生的地方,陌生的人群,空间更为狭小。他只是过往的一个旅客,一根浮萍,一粒微尘。一阵风可以把他带来,一阵风也可以把他带走。于是惯性地往前,眼里没有了光和色彩,年轻人迈着失去了精神的双腿,漂过一个又一个地方。在漫无目的的漂泊中,他觉得人生像虚无的驿站。人只是寄居的旅客,不知什么时候会消失。也许在滂沱大雨的冲刷中,也许在没有星光的野地上,也许在猎人设置的陷阱里。没有牵挂,没有爱,没有光,就这样漂下去吧,最后就老死在一条无人知晓的荒路上。至少,还有脚印,他想。

年轻人带着脚印来到了一个叫包家槽子的村庄。这是个穷得鸟都不拉屎的小地方,然而这里正悄悄涌动一股热潮。中国科学院新疆分院地理研究所对寻找亚洲的中心产生了兴趣。因为新

疆一向被视为亚洲大陆的腹地,自然孕育了亚洲的中心。几经测定,终于确定了亚洲大陆的地理中心点:东经87度52分,北纬43度40分——恰恰位于包家槽子西北角!"亚心"像一块巨大的磁石,使包家槽子产生了强大吸引力。村里有个农民早已出外承包土地,本准备搬家,屋顶已经掀开了,可他听说"亚心"就在村里,于是屋不拆了,家不搬了,要留下来当中国第一代知道自己身份的"亚心"人。

年轻人见证了小村庄的沸腾。度过了一个震撼无眠的夜晚后,第二天他就踏上了回家的路。原来他也找到了自己的"亚心":每个人的人生都是可以被赋予意义的,并不完全需要别人承认。赋予自己一个"亚心",每个人都是自己世界的中心,独一无二,不可取代。没有一个年轻人像他漂泊了这么长的路,没有一个人见证了自己寻找"亚心"的过程。以前走过的每一步路都是有意义的,那些经历都成了他凝聚并挖掘自己的财富。一个人要生活下去,并且越生活越有兴趣、越守候越坚定的理由,就是他要不断去验证那个"亚心",相信自己并不渺小。

年轻人的验证是正确的。他回到家乡,其实家人和爱人一直在等他。他又找到了工作,并写了一本《寻找"亚心"之旅》的书。这位年轻人就是我的老师。他在书中写道:"我庆幸我找到了立足的支点,那就是要给人生赋予意义。相信自己可以成为一个对社会有用的人,我才没有陷入虚无、冷漠、逃避、自欺、自绝、逆反的青春期泥潭。"

 ## 善待一只鸟儿

有一年春天，跟随一个观鸟的圈子，去江西看白鹭。满以为会拍下群鹭翩飞和鸣的美景，没想到见证的却是一场屠杀。

伏尔泰说候鸟是世界上一队队小小的"漂泊者"。每年数十亿的候鸟进行洲际迁徙，这本是一条穿越饥寒、重寻温暖的路。然而，有时候却成了不归路。因为丛林深处，等待它们的有火枪、鸟铳、竹竿、大网和死亡。

有个当地的观鸟者描述了这样的一幕：鸟儿在黑夜中常是循光而至的，捕鸟人拿着强光的LED灯，他们分工明确，有人负责打灯光逗鸟，有人负责打鸟，有人负责用小手电筒照着捡鸟。这哪里是捕鸟，简直就是赤裸裸的屠杀。

早期，一帮观鸟人很天真。要是在哪儿发现了观鸟的天堂，迫切地想要和世人分享，就把观鸟的过程、拍下的鸟类、观察的地点原原本本、仔仔细细地传到网上。后来发现，一段时间之后，天堂里的鸟儿都销声匿迹了，要么变成食客的午餐，要么被关进笼子，在集市上叫卖。从此，观鸟人的圈子愈加封闭，再也

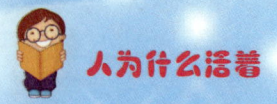

不敢大声宣扬自己发现的美。

欧洲人不杀鸟。他们相信命运和轮回，他们认为婴儿的灵魂居住在沼泽、池塘这样的丰润之地。每到春暖花开之时，人们看到白色的大鸟在房屋上筑巢，不时地飞到沼泽、池塘间寻找食物，于是他们浪漫地相信，是这些鸟儿，把沼泽间婴儿的灵魂带到千家万户。

非洲人也不杀鸟，漂亮的鸟儿基本上都在自然保护区和森林公园。那儿是鸟儿真正的天堂，每年，世界各地的职业或业余观鸟人都要到那儿观鸟、拍鸟。

有一个朋友，原本在非洲旅游，跟在这帮观鸟人后面随便逛逛，没想到从此爱上，念念不忘。前年去了一次，寻找到了上百种鸟，去年又去了一次，在非洲千鸟千寻。今年打算还要去一次。

他带着露宿的帐篷，在指定的宿营区过夜。早上醒来，一只身上闪烁着奇异色彩的彩鹦就停在他的手上，啄食着他刚刚撕开包装的面包。旁边一个法国的职业观鸟者赶紧打开相机，拍下这一场景。即使是白天，他们也开着闪光灯，因为只有在闪光灯下，鸟儿那种肉眼难辨的复杂的羽毛颜色才能在相片中呈现出来。

鸟不怕人，也不怕闪光灯，它们像模特儿在舞台上一样骄傲地踱着方步，尽情地展示着自己的美，或者停下来，用澄澈的眼睛打量着你。正是人鸟之间的这种互动，吸引着一群群观鸟者，来了又去，去了又来。

就像鸟儿爱惜自己的羽毛，非洲人其实非常爱惜自己家门口的鸟儿。为了给鸟儿清新的空气，在大街上抽烟要罚200美元。进入自然保护区，每一个人都要登记姓名、国籍，甚至要求请一个当地的向导。向导对第一次来的人说，你打伤了我都不要紧，最多赔个十几美元，但千万不要惊扰到了鸟儿。如果发现你用小石子砸鸟，鸟儿被吓飞了，让管理员看见了，那就倒霉了。你会被拘留15天到3个月，还要罚款2000美元。这不是吓唬，而是管理的条文。

　　回到国内后，看到笼子里的鸟儿，朋友非常不适应。偶尔有一次跟国内观鸟圈的人出去玩儿了一次，就再也不想去了，因为那些惊弓之鸟躲闪的目光和动作，会刺痛他的眼睛。那种惶恐，传达不了美。

　　甘地曾经说："我觉得，当心灵发展到了某个阶段的时候，我们将不再为了满足食欲而残杀动物。""一个国家伟不伟大、道德水准高不高，可以从它对待动物的方式评断出来。"

 让规则看守世界

1764年的一天深夜，一场大火烧毁了哈佛的图书馆，很多珍贵的古书绝籍被毁于一旦，让人痛心疾首。第二天，这场重大事故学校上下皆知，有个学生尤其面色凝重。

突发的火灾把这个普通学生推到了一个特殊的位置，逼迫他做出选择。在这之前，他违反图书馆规则，悄悄把哈佛牧师捐赠的一本书带出馆外，准备优哉游哉地阅读完后再归还。突然之间，这本书就成为哈佛捐赠的250本书中的唯一珍本。怎么办？是神鬼不知地据为己有，还是光明坦荡地承认错误？一番激烈的思想斗争后，惴惴不安的学生终于敲开了校长办公室的门，说明理由后，郑重地将书还给学校。霍里厄克校长接下来的举动更令人吃惊，先是收下书表示感谢，对学生的勇气和诚实予以褒奖，然后把他开除学校。

哈佛的理念是让校规看守哈佛，比用其他东西看守哈佛更安全有效。

与哈佛人相似，德国人也被看作世界上最守规则的人之

 人为什么活着

一。一个留学德国多年的中国学生说，他在德国所到之处从未看到过一辆闯红灯的车，即使在深更半夜，空寂无声的街头，德国人依旧沿着横道线，看着红绿灯过马路，德国老人喜欢向别人炫耀的是，在他几十年的驾车历史中，违章记录栏内始终是一片空白。

经济学家茅于轼先生在美国做访问学者时，曾对美国邮局前的排队做过观察。他发现排在队伍前面的顾客，一般距离正在接受服务的顾客至少一米远：一方面避免彼此靠得太近不舒服，另一方面也是尊重别人的隐私空间，免遭嫌疑。如果服务窗口不止一个，也不是每个窗口前面都排一个队，而是只排一个队，前面的人依序到空出来的窗口去办事，以保证先来的人先接受服务。没有一个人会打破这种墨守的规则。小中窥大，茅于轼先生深有感触地说："在美国生活的一年中，我无时无刻不在思考，为什么美国如此富有，有哪些地方值得我们学习？"

对比之下，中国的银行服务窗口前，都画有鲜明的警示线，而有些漠视"请在线外等候"字样的人，仍然选择无序紧张的拥挤，这同样让外国人百思不得其解。

当我把上面的事例说给周围人听时，我得到不同的意见版本：哈佛人是做作的，书交上来了，人家改过了，还计较什么；德国人是刻板的，能够趁机过马路为什么不过，浪费时间；美国人是固执的，来得早不如站得巧，能够早点儿把事办完为什么不挤。规则是死的，人是活的。活人为什么要被死规则缠住……

到底怎样的生活才更惬意？没有规则的自由是不是一种真的自由？

德国人的名言是，循规蹈矩、一丝不苟才是轻松的活法，而凡事无章可循，才使人疲惫不堪。自由必须有所约束，不然，A

的某种自由可能就要以B的另一种自由为代价。德国人把用规则看守的世界，称为"天堂"。在这个天堂里，规则首先是科学、合理的，其次要有对规则的集体信任。或许有些人会将此视为"刻板固执"，嗤之以鼻。但实际上，德国人是聪明的，他们对待任何事物都认真负责，他们把自己的国家建设得洁净美丽，他们在不争吵不拥挤的环境里，不凭投机取巧或者其他伎俩，就可赢得平静安稳的幸福生活。规则不仅保证着人们在工作、学习和生活上的公平公正，带给他们高效率，甚至保证着他们心灵的自由：知道有所为，有所不为，灵魂才在高处放声歌唱。

　　散文家张丽钧也曾在一篇文章中谈到"规则"的重要，肯定地说："世界上如果真有所谓的天堂和地狱，那么，天堂的规则应该比地狱的规则更详细。"

　　让规则看守的世界，是生命的圣洁花园，是人之向往的天堂。而生活在那里的人，也将规则时刻放于心中，心甘情愿接受约束，以获得更完满的自由。相反，无视规则、对抗规则的人，必将受到规则的惩罚，甚至付出全部自由的代价。在好规则面前，懂得捍卫和赞美，才是人类崇高精神的体现。

　　心中有正义良善的规则，犹如灵魂有了信仰，人的生活才会享受更多的明媚阳光。

 百事之成，必在敬之

凡百事之成也，必在敬之；其败也，必在慢之。

职场新人问老前辈："怎样才能像你一样，被这么多人尊敬呢？"老前辈说："敬重你手上的活儿，自然就有人尊敬你。"新人依然疑惑，就这么简单？不是因为你的背景和人脉？不是因为你的聪明才智？不是因为你的职位和年薪？

三年前，有一所大学新闻系的学生，也算是职场新人，以大家欢迎的央视主持人柴静为主角做了一篇报道，发在学校的报纸上。报纸的头版是柴静的一张大照片，标题是《柴静给本院新闻系学生的十句话》，落款是"柴静"。当然，他走的是取巧的路子，发文之前根本就没有联系柴静。只是在文章登出来后，附了一封手写的信寄给柴静，信中说："柴静姐，我知道你工作很忙，所以替你写了这封信，希望你喜欢。"

柴静那天正好有点儿时间,又看他是学新闻的学生,就给他回了一封信,说你看当年胡适他们办《独立评论》的时候,开篇词中说,什么是中国的记者,"君子以其言而无所苟而已矣",就是说咱们别撒谎,自己对自己说的话负责,这是做新闻的基本态度。过了一个星期,柴静就收到这个学生的回信,他说:"谢谢你的意见,不过我们老师说了,那样做新闻的话,会很辛苦,另外,上次我们登了你的信之后,我们收到200元钱的稿费,吃了一顿火锅以示庆祝。"柴静并没有发火,本着对新闻人启蒙的态度,又给他回了一封信,用了《论语》中的一句话,"凡执事不敬者必败亡"。如果你做一件事情不能以敬重的态度对待的话,这件事情一定做不下去,一定会衰亡的。

柴静是央视《看见》栏目的主持人,她做过10年记者,一路走来,她看重的并不是央视主持人的名声,而是"记者"两个字的分量和它背后的担当。10年后她对从业经历回顾,写了一本新书叫《看见》,记下的都是她对每件新闻事实背后的思考和追寻和她对待"记者"这份活儿的真诚和敬重。

不知道那个学新闻的学生在以后的职业中有没有悟到这个道理。一个人能否敬重他所从事的职业,能否对手上的这份活儿真诚,决定了他在自己从事的领域内能攀多高、能走多远。

2

抗日战争初期,随着国土的步步沦陷,西南联大的教授和学生们不得不千里跋涉,来到昆明。教授们不仅要忍受着敌机在头顶上的轰炸,还要忍受着生活际遇上的落魄。由于物价的飞涨,之前在北平时期优厚的薪资在此时已是入不敷出。西南联大化学系教授在1940年7月6日的日记中记载："昆明教育界生活日趋艰苦，联大教授中，每月小家庭开支达五百元者，为数不少。月薪不足之数，系由自己贴补。昨闻黄子卿云，彼家即每月需贴百余元。一年以来，已贴一千元以上。原来存款，即将用罄，现连太太私房及老妈子的工钱，也一并贴入，同时尚当卖东西到资贴补云。"

可以说，当时的联大教授们是在贴钱教书。在这样的处境中，教授们首先想的不是脱掉穷教书匠的帽子转行于仕商之途，也不是避战祸于国外去走穴演讲，而是依然敬重于"先生"之道，对手上的活计毫不松懈，教书、做研究、写文章与在北平时期一样，为国家保存和培育学术的种子，其他一切视若无睹。凭借他们当时的名声和才气，他们完全可以选择前两者。

先生的楷模如陈寅恪，他当时居住的靛花巷青园学舍临近昆明城北门，联大教室则位于昆明文林街，每逢上课，陈寅恪都需步行一里多路到校。由于早年看书过勤，此时他的右眼视网膜剥离，仅剩左眼视力勉强看书，陈寅恪仍像以前在北平清华园教书时一样，每次上课都用一块花布或黑布，包着一大包书向教室匆匆走来，至时满头大汗，却从不迟到。有学生不忍见一只眼睛已盲的史学大师如此辛苦劳累，主动提议每到上课前去迎接，并帮助拿书，遭到婉拒。

西南联大没有大楼，只有大师。教室是铁皮屋顶的，在潮湿多雨的云南，一旦遇到刮风下雨，铁皮便开始在屋顶抖动摇晃起来，并伴有叽里哐当的声音。其声之大、之刺耳，有时候压过了面呈菜色的教授的讲课声。但就是在这样的风声、雨声、读书声中，师道得到淋漓尽致的传承。办学条件如此简陋的西南联大却能够跻身世界名校之林，培养出来的学生大多成为名家及社会的

人为什么活着

栋梁，而西南联大的教授们也被学生们敬为真正的"先生"。先生之风，山高水长。

可惜先生远去，再无大师。对比现在高校内一些频频走穴，忙于生意，学生难得见一两次面的教授们，何来对学术和学生的敬重？又如何赢得学生的敬意？对育人的敬重程度，决定了不同时代大师所能达到的高度和不同时代"教授"二字含金量的差异。

3

一群中国企业家组团去海外考察。有个企业家回来后深有感触，写了两篇日记。

一篇是在日本的，他们考察了日本的汽车制造车间，每一个员工对岗位职责的敬业程度给中国企业家们留下了深刻的印象。但让这位企业家更有感触的却是在街头吃饭时的偶遇。这条街上都是日式点心铺，其中不乏几代相传的老字号。他们进入的一家就是老字号，店铺的点心师傅叫川上胜弘，是这家老字号的年轻传人。虽然是小店，但是要成为职业的点心师傅却不容易，行业有个不成文的规定，那就是要想成为一名真正的"职人"，至少要修业10年。川上胜弘从18岁开始学艺，一步步由学徒做起来。这个过程并不像国内的糕点师学艺那么容易，因为他们对手上的活计极为敬重，例如，为了保证点心的新鲜程度，为了能在第二天上午摆上柜台，必须深夜制作，所以，川上胜弘当学徒期间常常半夜12点就要起床。而且卫生要求极为严格，上岗前不仅要洗干净手，还要经过气流"淋浴"，吹掉身上的灰尘等不洁之物，才能进入工作间。正是这种对手艺的敬重，日本就连做点心这样

的微小服务行业，都把产品做得极其精致，端上桌来的各种精巧如花的点心琳琅满目，与其说是点心，不如说是精巧的工艺品，让人舍不得吃掉。

另一篇日记是在土耳其期间写下的。企业家们在市场上看到了国内很多同行制造的产品，不过都是低端品牌。他们在路过的超市里买了一个纸杯，倒水之后就浸软了。旁边的当地人说："达耶斯基（中国货）！"回到车上，一车人极其汗颜。谁又能拍着胸脯说，自己手下的工厂没制造过同样品质的产品？

考察回来，企业家们有了反思，除了规模和利润外，企业还应该担当些什么？为社会创造些什么？每一个工厂里的管理者和员工对自己手上的活儿的敬重程度，决定了一个民族的制造在国际市场的竞争力以及它受尊敬的程度。

直视黑色秃鹰

我采访过的一个探险家曾说："在死亡面前，生命注定是场悲剧。但世事无常，不能由我做主，就像对面的山谷要下雨不能由我做主一样，这伟大的人间有它自身的规律，就像寒暑易节和晴雨交替，我承受我所能承受的。我做我应该做的事。"其实，能够坦然对待自己生死的人并不少。记得当时我问："自我的死亡，只是火花熄灭的一刹那，但面对着别人痛苦的死亡，你也能够如此坦然吗？"他无言。

有一次，我在网上查找历年获普利策新闻摄影奖的照片，1994年凯文·科特的那张照片引起了我的注意。照片背景是莽莽的非洲大草原，一个皮包骨的黑人儿童蜷伏在地上，那是一条奔往联合国难民救济营的路，但孩子已经没有力气再走下去了。一只黑色秃鹰停栖在孩子一米开外处，静静地守候着它的美味佳肴。当凯文·科特将照片发表，社会上有极大争论，摄影者看到孩子已经奄奄一息，却没有立即救助，等了几个小时，直到那只秃鹰降临，形成理想中的构图，按下快门后，他才扶起孩子赶往

难民救济营。在职业和人道之间,他选择了职业,引起舆论一片责难。

然而对于照片中的苦难和痛苦,或许没有哪个读者能像凯文·科特理解得那么深。就在获普利策奖的几天后,他在卧室里用一把手枪结束了自己年轻的生命。除了舆论的压力、心灵的拷问、童年不愉快的生活阴影外,更多的是在非洲长期的职业生涯中,他见到了太多的饥荒、疾病、死亡……太多的痛苦堆积,使他选择了以死解脱。他留下一封简短的遗书,说:"生命中所遭受的痛苦远远多于生活带给我的快乐。"看过遗书的人,都不禁潸然泪下。

今天,凯文·科特们的痛苦依然没有结束。当飞机、坦克的轰炸将人类的家园变成断壁残垣,当残酷的战争又在海湾上演,对于追求和平与爱的人们来说,怎能心如止水?那些死去的人无声抗议,活着的人伤痕累累,我们又怎能漠然处之?

中央电视台《对话》节目中,我听过一位中国记者的沉痛独白。美国出兵阿富汗的前夕,有多少记者渴望亲赴战场报道,这位常年驻阿富汗的记者却申请回国。并不是害怕战争,也不是担心自身安危,而是像凯文·科特一样,他忍受不了太多死亡和血泪的刺激。他说有一次他在当地采访,一个孩子拿着一截炸断的手指,满脸麻木地给他看。他当时极度震撼,也极度悲凉。是谁让孩子失去了悲喜的心?是谁让那双眼睛只有冷漠和仇恨?

这位记者每天都要见到这样的场面,精神几欲崩溃。他体会到的痛苦,不是手足相残的小痛,不是亲友离去的短痛,而是来自心灵最深层,来自对整个人类、整个世界的思考。

能够超越对自身小圈子的关怀,必是源于对人类自身命运、自身尊严的终极关怀。能够让我们跨越种族、国界、行业、地

人为什么活着

位、身份,在同一个世界感同身受的情绪,除了像特雷萨夫人那样50年如一日,在贫民窟、难民营中提供衣食住处和医疗服务的大爱心、大感动外,还有一种大痛苦:那就是生命变得无比轻贱,血泪被轻易漠视,基本的生存被利益掩盖,排斥和仇恨在周围的空气中散播,沟通变得无比艰难。

面对凯文·科特的选择,我们问自己:"那只装着信心、责任和爱的沙漏,还能在我们手中握住多久?"

当我们的视野中充满了和风雨露、盛开的花朵、绿油油的田野、飘过林间的歌声、大地的回音,这个世界有灾难有战争,但它们似乎离我们很遥远。我们忙着享受年华的馈赠,还来不及思考生活的深处。然而,这个世界上依然有自杀的炸弹,还有局部的战火,电视直播的屏幕上那些干枯的尸体凝固着亲人的血泪,直逼我心。战地摄影家罗伯特·塔帕说:"你的摄影不够精彩,是因为你离死亡不够近。"我说:"你感受到的痛苦不够深刻,是因为你直视死亡不够久。"

这个世界需要充分地沟通、谅解、信任和合作,需要尊重,需要和平,需要孩子的笑脸,这样,我们才能找回心中的安宁。

签名

  我们似乎处在一个签名的时代，签名无处不在。签名不是名人的专利，就是普通老百姓，也要不时在口袋里塞支笔，以备急用。你结婚，你买房买车，你到单位报到，你去政府大院找人，必须在门卫处签个名，这叫登记。有时你被法院叫去做证，你到银行提款，你帮朋友借贷，都得在证词或条款下面签个名，这叫凭证。有一天，你从学校毕业了，走的时候洒一把泪，也不忘在花花绿绿的同学录上一一签上你的大名，这叫留念。还有的时候，你只在大街上散步，路旁正在举行"响应×××"或"纪念×××"活动的签名仪式，你被热心的人拉着或主动走过去，挺滋润地签着名，然后惬意地走开。后来一想，你只是捧了个场。

  签名似乎是件很简单的事情。拿一支笔，在一张纸上留下你的笔迹，或大或小，人过留名。一般地，我们愿意把自己的名字留在具有纪念意义的地方。签个名吧，表明这地方你没白来过，那些喜欢在各个旅游景点留下"×××到此一游"的人，我理解他们的心态，但那自然是不道德的行为。

人为什么活着

  名字是我们存在的标志，是我们行世的执照。我看见名字就像一个节点，密密麻麻的线绕它散开，形成经纬，延伸多远，我不知道。我们都在自己的网上生活着，我们希望我们的网尽可能大，我们的名字传播得尽可能远。很多时候，我们只是在我们熟悉的地方和熟悉的人群中签下我们的名字。所以，有些人是我们羡慕的，比如明星，走到哪里都有一群签名收集者，签到他手胀眼花为止。于是慨叹："做名人真苦！"但总有不怕苦的人在。我有个同学高中时就开始练习签名，把名字签得如行云流水，妙笔生花。他说，成名要趁早！现在他的明星梦没实现，却开了一家小文化公司，专门为名人设计签名。他说，做不成红花，就做绿叶。我也从中开了眼界，哪里有需求，哪里就有商机。签名也能带动一个产业。

  签名有时象征一种权力和荣耀。领导的签名，是做生意的人和办事的人千金以求的，把它挂在门楣上，胜过电视广告。

  我更愿意把签名看作一种人生的艺术。人们变着花样儿，用不同的形式在不同的地方签名。签在爱人的皮肤上，那是一种前卫。在某个夜晚，我把名字签在家信中，寄给父母一份平安和问候。签名的笔不在于多么华贵，签名的名不在于多么显赫，只要用心在签，就能达到跨越时间地握手，跨越空间地交流。

  时间过去了，有多少签在纸上的名字已经褪色，有多少签在石头上的名字已经风化，有多少签在招牌上的名字已经腐烂。还有多少只是签在口碑上的名字却经久不变，流溢着岁月的光彩和芬芳。最深刻的签名，总是签在人心上。

人为什么活着

知与行

《史记·孙子吴起列传》中有一句意味深长的话："能言之者，未必能行。"有时候脑子里想出一整套方案，口头上表达得头头是道，但落实到手脚上却是千头万绪，千辛万苦，甚至根本兑现不了。古往今来有不少杰出的理论家、伶俐的演说家，却未必是优秀的实干家，甚至往往是说得轻巧，验证起来是根灯草。

韩非子在入秦之前有一篇《说难》的文章淋漓尽致地教诲人们，在不同的时间不同的场景，面对不同的国君说不同的话，以博得君主的欢心，来保全自己的性命。然而他自己却极不善言辞，入秦之后有口难辩而冤死咸阳。司马迁在《史记·老子韩非列传》中叹道："余独悲韩子为《说难》，而不能自脱耳。"韩非子的可悲之处不止一点，他在《韩非子》里把官场权术讲得头头是道，连秦始皇看了都想见其人。可他自己却被官场老手李斯玩弄于股掌之间，不明不白地死在异乡，未进官场先进坟场。

知行就是说到做到。然而人们观察周围常常发现，许多人言行常如矛盾交攻，或如左右脚走路，左脚常常不自觉地绊倒右

人为什么活着

脚。汉朝的马援在《诫兄子严敦书》中告诫侄子不得议论人长短。而在这封信中,他自己就议论人长短:"杜季良豪侠好义,忧人之忧,乐人之乐,清浊无所失……效季良不得,陷为天下轻薄子。"弄到有人拿了马援的信去向光武帝控告杜季良,害得杜季良被罢免。看来,其说和做不一定吻合。难怪孔夫子说:"始吾于人也,听其言而信其行。今吾于人也,听其言而观其行。"

力行之难,难在言易于行,或言过其实,不利于行。为其之难,在处身立世上,才愈显知行的可贵。行如其言,言如其人,是我们知人识人的标准之一。历史上有两个酿造了军事悲剧的人物,一个是战国时赵国的赵奢,另一个是三国时蜀国的马谡。他们都擅长纸上谈兵,而且谈得海阔天空,就连赵国国君和蜀相诸葛亮那样的聪明人都受了蒙蔽,并且把军事要务交给了他们。结果造成了长平失守和街亭丢失的惨剧。所以我们今天在物色人才和做事时务必记住:"管他白猫黑猫,抓得住老鼠的猫才是好猫。"

人为什么活着

在某个深夜，替内心作答

张海迪以疲病之躯完成她创作的小说《绝顶》之后说："我每天都想放弃生命，但每天我又小心翼翼地把它拾起来，精心地，像看护一小簇火焰一样让它燃烧，生怕它熄灭……"

安娜，《少女日记》的主人公，一位受德国法西斯迫害的犹太姑娘，在纳粹集中营生之无望的绝境中，她坚强地告诫自己："我要活下去，哪怕是面对死亡也要活下去！"很多个夜里，我读着这样的文字入睡，又咀嚼着这样的文字醒来。冥冥之中，一个声音一直在追问：这些年来我走着怎样的路，选择了什么样的方向，划着什么样的轨迹。很多年以前或者很多年以后，我能否在精神的家园里点一盏灯，继续照亮自己前行。在浩渺而又短暂的时空里，我能拿出一个什么样的砝码作答。

我清醒地瞪着夜空，无语。

童年时代，在一口气登上一座比一座高的山顶后，迎着大风，我放歌狂语，我的理想就是攀登，我以为我可以改变世界。激情产生幻想，激情产生勇气，激情把我对美好的向往，把我的

人为什么活着

眼睛燃烧起来。然而大风吹过后,大雨淋过后,激情冷却后,我发现下山时我的腿是疲软的。正如年长一点儿后,心灵的视野开阔一点儿后,我发现我根本改变不了世界。我只是这个世界中的一粒微尘。而后我又以为我能改变周围的人,但我发现我照样改变不了,我只是他们的一个参照物。也就是在双眼闭合的瞬间,漫长的童年如溪涧边捕鱼人掌中的鱼,嗖嗖地滑落,摇头摆尾,游向目不可及的远方,唯余下细细的涟漪以及独立夜色尽头的惆怅。捡拾起童年时代挂在树上的那只风筝,年少的我以为还有梦想,还有理想,我可以建筑一个充满智慧的精神家园,树立起一座澄净、高远、豁达、清淡的丰碑,让心灵诗意地栖居。然而在青春的路上,在什么时候我逐渐地偏离了自己的初衷,改变了自己的航向,淡薄了自己的理想,而忘记了生命的启程呢?当天边的大雁秋去春来,当路边无语的落花化作春泥孕育又一树绚烂时,我却穿梭于诱惑的潮来潮往中,沉迷于唾沫的夸夸其谈中,滞留于充斥着所谓经验技巧的应酬中,深陷于不辨男女、通宵达旦的一往情深中。我曾一次次树立起自己的决心,又一次次推倒自己的决心,我曾一次次肯定自己,又一次次否定自己。在我眼中,可以相信的东西越来越少,可以被称为永恒的东西越来越少,可以走进心灵的东西越来越少。在彷徨的日子里,我在日记本上写道:"我读书,我睡眠,我写作,我厌倦,我上网,我坐立不安,我四处游走,我漫不经心,我无聊至极,我孤独寂寞,我单调乏味,我不值一提,我的生活支离破碎。"我也抄下了叔本华的话:"生命是一团欲望,欲望不满时痛苦,满足时便无聊,人生就在痛苦和无聊之间摇摆。"我弄不清楚自己真正喜欢什么,迷恋什么,我失去了对理想的自知,失去了对生命作答的能力。

人为什么活着

正是在那一个个漫长而又寂静的夜里，在一遍遍的阅读中，在对生命的一次次追问中，面对已经淡忘的精神家园，回味那些朴素的真理，追忆身心曾经栖息期间的人文情怀，我倾听到了内心越来越真切的声音。"我相信吗？我满意吗？"在一遍遍的追问中，我泪流满面。我知道在追随生命的路上，我是自己最忠实的卫士，如果我都不为自己战斗了，还有谁为我战斗？如果我都放弃了开门的动作，还有谁为我凿开人生坚实的大门？

当秋风摘掉大地上的绿叶，我看见所有的树木都倔强地向着天空伸出它的手，它们没有抓回绿叶，但抓住了内心的希望。当一些梦想飞翔在我内心的时候，我没有脱离大地，但梦想却为我的双臂迅速长出了翅膀。

生命对有梦想的人是温暖的，对没有梦想的人或丢失梦想的人是冷酷的。我依然眷恋着自己的梦想，我依然认为追求对灵魂好的东西是追求神圣的东西，我依然真诚地、执着地、激情地活着，我依然愿意接受生命的追问。在追问中，请让我学着不后悔。

人为什么活着

跑不过风,但要跑得过流言

初中时,我在省级一家杂志上发表了一篇文章。在我们那个偏远的乡镇中学,这是一件了不起的事情,班主任喜上眉梢,在学校拿着我的样刊宣扬了一遍。旁人赞赏者有之,贬斥者亦有之。有人说,我有亲戚在杂志社工作,托关系才发表文章的;还有人说,我的文章是家里人帮忙润色修改后才发出去的……听到这些传言的时候,我急忙辩白解释。但解释完了,听者不过哦的一声淡然一笑而过。

听了我的诉苦,班主任告诉我,嘴长在别人身上,相信你的人不需要你解释,不相信你的人怎么解释也没有用。击溃流言最好的方法就是让自己成长得更快,用实力证明自己。当我在媒体上发出来的文章越来越多时,再没有人诋毁我的文章不是自己所写的。

人生在不同的阶段,总会碰到不同的流言。

我很欣赏的一位师弟,在他刚刚工作的一段时间里,听到的评价几乎全是负面的。一些员工习惯了在办公室各自为战,看

 人为什么活着

师弟表现得积极，有人便说，现在的年轻人就是急功近利，刚来几天就想着讨领导欢心。为了表明自己并非私心，师弟不断地和大家沟通，希望大家理解，但是一来二去，口舌费了不少，效果却不明显。向说坏话的人解释，那些人会摆出一副很理解你的样子，但你只要一走，关于你的坏话照旧。

师弟很困惑，后来在电视上偶尔看到他喜欢的一个学者的一期访谈，让他豁然开朗，从此不再纠结于闲话。因为某个场合的发言被报纸截取报道，引来网络上的一片骂声，开始这位学者很委屈，不断地解释媒体的这一误读，但网上的骂声依然不绝。马上他就明白了这根本没用，因为他解释的速度根本追不上别人骂他的速度，悠悠之口，以骂人为乐的嘴巴太多。于是他就懒得解释了，他想，在自己最黄金的时间里，应该做的是一直往前跑，不能浪费自己的时间来跟那些不信任自己的人解释这些屁事。他相信越是跑得远，站得高，听到的骂声就越少，那些闲人还在骂，而他已经跑远了，骂声自然听不见了。

多好的总结啊，我们可能跑不过风，但能跑得过流言。一个站在原地不动的人，他以自己的惰性证明了流言，那么他肯定会被流言淹死；一个勤于奔跑的人，流言赶不上他的脚步，会自然消弭于无形。

当青木瓜凋老

邻家屋檐下的女孩儿烟,管我叫哥,刚上大学时,和我考在同一个地方的另一个学校。

那时我见到她,没穿高跟鞋,没有离子烫,没有厚重的唇膏和眼线,兜里揣着一笔小小的零花钱,寻思着买零食还是漫画书。

那个时候已经有了初恋的男孩儿,他可能不够成熟,未来可能不够清楚。但那又有什么关系呢?一碗麻辣水饺就可以温暖整个冬天。她在流星划过的那一刻,为他许下一千零一个愿望;他陪她在漫漫寂寞冬夜里煲电话粥,絮叨一些与他毫不相干的烦恼。

那时,他们手牵着手在臭烘烘的河边奔跑,分吃一个饭团,捧一只失去方向的萤火虫相送,当作天上的星星。她因为水中晃动的月亮而尖叫,因为一朵野花的开放而微笑。她生气的时候,说孩子气的话;和好的时候,把眼泪流在微笑的嘴角。

日子在牵手中像荡秋千一样晃晃悠悠地滑过,嘴里含着巧克

力的甜。当毕业的列车轰隆隆地开过，如果分手太早，如果爱得太晚，风景不会再那么妖娆。这时我正在为工作奔忙。

长大的烟，有了自己的职业套装。她有了自己的收入，花钱不再是问题。月光光，喜洋洋，如同这时候穿插而来的爱情，来不及等待，来不及停留，来不及沉淀，谁要去想明天？永远有多远？

校园里的爱情谢幕了，这时的爱情是星巴克，他们用小匙静静地搅拌咖啡，偶尔交换一下含蓄而矜持的微笑。见面时互相赠送价值不菲的礼物。这些礼物，都有着精美的包装。他们细心而巧妙地试探着对方的心意，又时时克制自己，不要流露得太多，不要表白得太早。钟爱若即若离，似远还近，这样正好保证自己的心情，不会被炽热的太阳轻易地灼伤。

当女孩儿已经老练长大，爱的痴狂和傻气不再。他们开始不相信感觉，甚至不相信笔头的证明，口头的承诺，她相信数字、契约和合同。你必须慢慢接受这样一种景致：花看半开；酒饮微醉；茶斟八分；剑走五度；常戴面具；经典微笑。

在白衣飘飘年代的爱里，我们常常把自己弄得如此卑微，卑微得尘埃里开出花来。因为卑微，所以义无反顾，像扑火的飞蛾祈求一点儿光亮，充满着把自己付之一炬的疯狂。这样的爱已随列车远去，我们学会了收缩变化自己。如果不可以相爱一生，那么就相待一时。距离产生朦胧之美。你爱我多一点儿？我爱你哪一点？不想计较，还得计较。

影院里的氛围没变，荧屏上的爱情依然生动。在黑暗里，我们坐着，好像听故事的孩子，故事忧伤而生动，起起落落的缘，生生灭灭的情，一切淡而又淡，像一盘刚刚剖开的青木瓜，放在朴素的白瓷盘里，清新的木瓜泛着湿润温柔的光泽，那是我们菁

菁校园里的爱情，每每随着记忆而返潮。

当走出校园之后，不可控的变数越来越多，记忆里的色彩越来越少，人在红尘中穿忙，她说："不爱那么多，只爱一点点。"然后你才醒悟，不仅成名要趁早啊，恋爱，也要珍惜且趁早。

因为那么单纯的风景也会随着时间的慢慢褪色而变老。

人为什么活着

 **没有不痛的人生**

这是朋友的第二次失恋,对于执着于追求真情烂漫的性情中人来说,失恋是一种什么感觉?那是一种心境的苍凉,像秋天里的一棵树,秋风劲吹之下,满树的叶子哗啦啦掉了个精光。再没有什么可以鼓噪,再没东西提供遮掩,一树独立,披满身秋意,深知生命的创痛要远胜春风得意。

朋友喝醉了酒,问我,有没有长醉不醒的美梦?有没有幸福无痛的人生?如果有的话,我一定去追求。

我说,有的,那是在寓言中,一粒麦子的追求。一粒麦子见到上帝,它说:"上帝啊,为什么在我刚出来的时候让我经受那么多烈日和干旱呢?为什么在我骨子还没长硬的时候将我狂风吹折呢?为什么在我快要长成的时候灌以那么多雨水和洪涝呢?"上帝说:"好吧!我可以满足你的愿望,让你过另一种人生。"于是这粒得到上帝庇护的麦子落到土地上,开始风调雨顺、四季平安的人生。然而当秋天到来时,其他经过风雨的麦子都结出了金灿灿的果实,唯独这粒麦子举着空瘪的躯壳无语面对青天。如

果让这粒麦子再做一次选择，我想它一定愿意选择有挫折风雨的人生来催就春华秋实。

没有阻力的路往往是下坡路，没有挫折没有痛苦的人生往往是虚度的人生。风雨是麦子的催熟剂，挫折和痛苦在某种程度上是人生的催熟剂。

并不是所有人都懂得这个道理。对于人生的痛苦，更多的人报以抱怨和诅咒，认为那是倒霉，不幸，是命运的不公。为什么这样想呢？生老病死，聚散离合，哪一样不痛？一首歌中唱道："人生何处不痛？"痛，是神经正常的人所不可避免的。痛有早痛，晚痛，长痛，短痛，唯独没有不痛的人生。明白了这一点，就不会把生活的过程仅仅看作痛与不痛的选择，而是早痛与晚痛、短痛与长痛的选择。害怕痛、回避痛、延迟痛的结果很可能是晚痛、长痛甚至一痛不起。

相对于那些忍受一时剧痛毅然选择离去、勇于主宰自己命运的人，那些执着于鸡肋般的恋人，沉迷于蝇头小利、烂醉于腐朽的环境、蹉跎于恶斗的屠场的人也许才是真正可悲的。因为留下的人未必比离去的人痛少，只是作用在他们身上的痛是长痛，晚痛，是不知不觉地痛入膏肓，这种人令人佩服，也让人可惜：他们竟然在痛的不适中坚持了这么久，有这样好的耐力和生命力的人，换个环境未必比别人差。我从那些最早下岗的人身上看到过命运奇迹般改变的印证。这是不是另一则寓言给我们的暗示呢？

我相信朋友失恋的痛只是一时的短痛。痛的背后是成长，痛的价值也是成长。蚌磨痛成珠，虫褪痛成蝶，这是痛所昭示的方向。

人为什么活着

 一个糟蹋了青春的懦夫

春天的河边，绿草茵茵，成双成对的雎鸠在水中嬉戏，一位美丽的少女在河边采摘荇菜，她撩拨起少年男子的无限情思。他可能是一见钟情，朝朝暮暮相见，也可能只是暗自思恋，因此使出浑身本领，在岸边弹琴唱歌，以盼得姑娘回眸一见。

打开《诗经》的首页，一只名叫雎鸠的水鸟飞出了发黄的古卷。它鸣叫，关关的优美和声已经穿越了二千五百多年漫漫的时空，清脆依旧。

年轻不知天高地厚的时候，唯有对心中的姑娘不敢放肆，一路默默追随，那个字却始终说不出口，只有在寒假短暂离开的时候，给她写了一封告白信，以真诚的笔调附上：关关雎鸠，在河之洲。窈窕淑女，君子好逑。

爱情于诗意的所在，迅速而敏捷地生长。唯有经过《关雎》中的"辗转反侧""寤寐思服"，才能体悟到"我行过很多地方的桥，看过很多次数的云，喝过许多种类的酒，却只爱过一个正当最好年龄的人"。然后白头偕老相厮相守这种纯净人生的可

37

贵。即使中途有波折,被生活伤害,也像加西亚·马尔克斯说的:"他们像被生活伤害了的一对年老夫妻那样,不声不响地超脱了激情的陷阱,超脱了幻想和醒悟的粗鲁的嘲弄,到达了爱情的彼岸。因为长期共同的经历使他们明白,不管任何时候,任何地方,爱情就是爱情,离死亡越近,爱得就越深。"

然而,就像民歌一样传唱的爱情,像河边的荇草一样俯拾皆是的爱情,突然在现代都市里面像雎鸠鸟一样迷失了。即刻可达的语音和短信取代了路上风尘仆仆带着青春笔迹的情书,技术快了,生活快了,人心也快了,快得来不及慢慢谈情说爱,快得来不及离别思念吵架等待,即进入了婚姻,犹如快得来不及酝酿一壶恰到年份和温度的好酒。

爱情更多地让路于现实的考量。有个富豪的女儿,都30岁了,她说家里太有钱了,不敢谈恋爱。每一个接近的男子,无论是琴瑟友之,钟鼓乐之,她感觉到的都是生意的绝响。

爱情,浓缩成了《非诚勿扰》的舞台,也沦为物质时代的相亲买卖。焦虑的母亲告诉女儿要多参加相亲活动,在一个她还"值钱"的年龄。相亲对象从见面到确定关系的"忍耐时间"是三顿饭,合则餐,不合则散。进入没有爱情的婚姻,像王石这样的"老房子着火"一样,可聚可散。

她在第一次恋爱时,选择了安全,放弃了冒险。结果,她在剩下的人生的每一天、每个清晨、每个下午,都想到自己是懦夫。

一个糟蹋了青春的懦夫。

这是蔡康永为现代速食的爱情写的一则段子。

没有关关雎鸠的吟唱,没有君子淑女的鼓瑟和鸣,爱情就这样过去了,青春就这样过去了,生命,就这样过去了。

人为什么活着

悔

　　人生百态，有很多事不能细想，一想就悔。
　　28年前，他还是一个小孩子，在教工宿舍的小操场上玩儿。一个戴眼镜的教授，胳膊下夹着几本书，从旁边匆匆走过。有一个小信封从书页里面溜了出来，落在过道上的草丛里。教授没有注意到，他注意到了。待教授的身影一消失，他悄悄走过去把那个信封捡起来，打开一看，是一百多块钱，还有一张当月的工资条，钱数和工资条上的数目刚好吻合。
　　在20世纪80年代，这可是一笔巨款，按物价相当于现在的3000多元。他大气都不敢出，拿着装钱的信封赶紧跑开了。他又紧张又忐忑，心想会不会有人来找他，或者在附近贴出什么寻物启事，让父亲知道了，过来盘问他。可是一个月过去了，什么都没发生。
　　在欲望的驱使下，他以各种理由悄悄地花光了这笔钱。直到有一天，父亲工作的工厂倒闭，没有了工资，家里一下子陷入了经济困境。一家子不得不勒紧裤带过日子。下岗后的父亲在小区

人为什么活着

里摆了个小摊，风雨无阻，非常辛苦。有一次，天突然下起了大雨。等他把伞送过去时，父亲早已淋成了落汤鸡。

回来的路上，他想起了那笔钱，那个教授焦急失落的脸在他眼前浮现出来。就像身边的父亲，每天为一家子的生计操心一样。如果有一天，他一个月的收入全部掉了，而一家子就靠这笔钱糊口的话，他的心情会怎样？那一个月，那个家一定也在风雨飘摇中挣扎。

他开始后悔，为当时的贪心。但是他没勇气承认，也没能力悄悄去弥补。

时间一天天过去，那种悔不仅没有随着时间的流逝而消减，而是像小虫子一样，总是在人生的某个黑夜钻出来，吞噬着清白的良心。他觉得愧对父亲，尽管他文化水平还没他高，但老人家一辈子自食其力，清白为人，离开人世也走得坦坦荡荡，心无尘埃。

等到30岁，他的儿子出生了，看着孩子那清澈无瑕的眼神，他突然害怕，如何带着良心上的污点去向孩子讲述那些书面上的大道理？他突然醒悟，在有生之年，不要让悔恨继续存留。于是他打印了上百份寻找失主的启事，贴在那所大学附近的教工宿舍和周边地区，把当年捡到钱的经过和希望按当前物价弥补当时遗憾的心情坦陈出来。

这种悔尚能弥补，有一种悔你想去弥补的时候，时间已经不给机会了。有个朋友，小时候被工作繁忙的父母亲寄养在姥爷家，姥爷视他如命，宁愿自己饿着、冻着，也要把好吃的、好用的留给他。在上初中被父母接回去前，他就暗暗在心里发誓："长大后一定要回报姥爷，让他过一个幸福的晚年！"高考前，姥爷被查出晚期胃癌，在医院嘱咐家里人，千万不要给正在备考的他打电话。直到姥爷去世，他都没见上姥爷一面，至今他犹在悔恨，明知道那段时间姥爷身体很虚弱，为什么就不能抽出时间给家里打个电话问问？如果时光倒流，他宁愿不参加高考，也要见上姥爷一面。

世上没有后悔药，修炼人心的时刻往往只是一念间。一念天堂，一念地狱。听过这样一件真实的事情：有两辆车在高速路上碰擦了一下，没有大碍，但两个司机都不服气，直接在超车道上停车理论，你一言我一语，还准备叫警察来处理。但交警没赶来，两人就直接被飞来的车撞了，后面是一串的连环追尾。如果两人把车开到汽车修理店，也就几千块钱的事儿，但现在却把命给送了。死人奢谈后悔，伤神的是活着的人们。

人为什么活着

怪博里的人生导师

  不管你是有意还是无意，不管你是不是愿意面对，打开电脑，刷下手机，总有一些奇奇怪怪的微博跳到眼前，成为你命运里的引路明师。

  对面一女同事，最近热心地鼓动办公室一干人把照片发给一个叫"留几手"的微博人士。我开始以为那是百合网的工作人员，关注一下，说不定哪天还能上《非诚勿扰》。结果打开一看，粉丝数130万，那厮的介绍是：我觉得我像一个艺术家。

  还真是一艺术家，专以点评照片为生。同事恶作剧，发一朋友骑车摆酷的照片过去，得到评价如下：平顶山车神，从小爱好摩托，喜欢特技，爱看《敢死队》。生活中"欠儿蹬"一个，尤喜在女生面前爬墙头，跳栅栏，扯大旗，和大泥。初中辍学打工，吭哧瘪肚半年攒俩糟钱，自费购置小蛤蟆电动车一辆，一日突然奇想，自编自导自演一部《头文字屌》，在一场特技表演中不幸失手，以负分结束了年轻的生命。

  有才！同事那个不甘心哪，立马儿把自己的玉照发过去，

43

人为什么活着

心想本姑娘玉容尚可，看你还能吐出什么毒舌来？接连几天盯着@留几手，终于登出：中文系女生，成长于封建残余势力家庭。爱好心灵鸡汤，喜欢张小娴，安妮粑粑。没说过脏话，没谈过恋爱，服装可以和她奶奶共用一套。上了大学后在黑木耳和白富美的夹击下，卑微得连同班同学都叫不上名。寒假期间，决心一鸣惊人，苦熬30天，撰写一部儿童文学《白雪公主和七个郭敬明》，出版未遂。0分。

得零分差评，那姑娘不仅不怒，反而孜孜自喜：看吧，看吧，比我那中学同桌强多了！并鼓掇身边的人都发照片过去应征。真是"留几手"虐我千百遍，我待"留几手"如初恋。不过那姑娘说得有几分道理：过得了"留几手"，还怕张绍刚的《非你莫属》。在小屌丝还没有被生活作践之前，请拜"留几手"这个怪博为师，让你获得强大的心理能量，去面对屌丝路上的逆袭。

有一阵子，出差在外，忙得双脚不着地。疲倦，麻木，靠疯狂抽烟解乏，也没心情给老爸老妈打电话报个平安。晚上上网时，群里一QQ介绍微博"逝者如斯夫dead"时说："希望你们今天没有被它关注。"

好奇，不能被它关注，那我关注它好了！进去吓一跳，"逝者如斯夫dead"关注的八百多个账号都是死人，发出的每一条微博都是讣告。

"@秦玲儿不是秦岭儿(2012年5月4日)，女,年轻,白血病。应该是一位上学的小姑娘吧。小姑娘很单纯,微博没有写很多病痛,一点小事就让她很快乐,比如赢了钱,吃好吃的。过年从医院偷跑回家吃年夜饭,亲爱的哥哥把她背上5楼,牛啊！"

"@da人物(2012年2月11日)，男，29岁，突发脑梗死。今年

1月份的时候还在自拍卖萌说,2月份过了就三十了,不能装可爱了,所以博主还是给你记录29岁。"

"@Herzhou(2012年11月14日),男,34岁,病逝。很腼腆的男生,篮球好手,原地抓框。看他朋友哀悼他的微博,恋了一个女孩10年,供她去德国读书,最后却选择了离开。"

我从来没有见过这么标新立异的讣告,"逝者如斯夫dead"在微博里坦陈:"生命是一种很普通的存在,随时都会被人拿走。对全球六十多亿人,一个人的死亡,有时并不是件特别隆重的事情。我所能做的很微小,就是让死者能够温暖地表达自己。"

在死亡这个庄重的命题面前,我就在这个奇怪的微博里找到了最好的人生导师。没有大道理,就是这些平常字眼的讣告,戳痛了我的泪点。我想如果哪一天,我出现在这个微博里,希望留给亲人的,是最亲切、最乐观的字眼儿。

我要去珍惜身边的亲人,不能死在烟草和工作里,我要去休假,去留下一部分时间寻找更多奇怪的微博,继续做我人生路上的导师。如果你也找到了这样的怪博,请告诉我。

重重跌倒

你有没有摔倒过,在大庭广众之下?比如说,踩着了一块瓜皮,踏空了一级楼梯。

我曾摔过一跤,摔倒的声音很重,我无法将我的姿态掩饰得完美。一切都在一瞬间发生,脚跟向前一滑,身体突然失去平衡,双手在空中徒劳地想抓住什么,像笨拙的翅膀扑腾了几下,然后以在这个过程中出溜了三十厘米左右的脚跟为圆心,身体像被锯断的木头一样,笔直地画了四分之一个圆,仰面朝天,后脑着地,"砰"的一声。

我想这样的姿态很可笑很可耻很丢人现眼,但我暂时无法改变这样的状态。人的一生总要遇上这样的时刻,你觉得狼狈、羞耻,肉体上和心灵上的痛苦,但你无力改变,这样的摔倒,已不是第一次。

 人为什么活着

2

第一次跌倒是在什么时候呢?我努力回想,十年前,我曾把一篇写得极其绚烂的文字自信满满地交给老师,得到的是一个交错的动作,那些烂漫的文字像烂漫的蝴蝶一样在教室上空飞舞。那时我还是个少年,那时我不像现在,会装着满脸冷漠,事不关己,下课后拍拍屁股走人,就像我第一次踩在瓜皮上重重跌倒,我会害羞地把头转向右,向左,向后,担心有没有熟人在旁边看笑话,结果我的举动吸引了旁边所有人的目光,还有一片窃窃的笑声。换到现在,我会像个没事人似的爬起来,向前,走开。但那时我还是个少年,我头昏脑涨,听不清那位老师都说了些什么;我满脸通红,感觉到旁边一盏盏灯笼的扫射。我像一只被追逐到大街上的老鼠,遁地无门。

很多年后,我才知道原谅自己,跌倒有时并不是自己的错。我们之所以在大庭广众之下跌倒,是因为有人恶作剧让我们跌倒或者在我们即将跌倒的时候,没有人在旁边及时地扶上一把。也许只有在经过多次跌倒以后,才会明白很多伤痛并不值得去反省和体恤。

3

最重的跌倒是在什么时候呢?老年人说是死亡,中年人说是离婚。我的一个朋友说是失恋。"失恋的那一阵,觉得连路都走不动了,随时都可能跌倒。"但没有真的跌倒过,后来想,大概因为重重跌倒过了,一句玩笑话说:"从哪里跌倒,就在哪里躺

人为什么活着

下来。"她微微一笑，只要躺下来，就不会再跌倒。再后来，该过去的都过去了。她又打扮得漂漂亮亮地去见别人介绍的一位男子。两人见过面，都有好感。

再次见面，约在市里一家最大的超市门口。她去得比较早，身边很多年轻人都在等人，有的焦急张望，有的打手机催问。等的人来了，便兴奋地尖叫，互相拍打。受到情绪的感染，她的心情也轻快起来。那个人终于来了。过去的时候，她走快了。踩到什么东西，突然一滑，惊叫尚在空中盘旋，人已躺在地上。她的第一反应是不好意思，马上抱歉地看向他。他也吓了一跳，左右张望，见没人注意，才弯下腰来扶她，腰弯得非常艺术。如果有人向这儿看，他的腰肯定会像弹簧一样弹回去。她果断地爬起来，地面上很干净，连灰都不用拍，撇下那个男人在后面吃惊地发呆，她独自回去了。

跌倒过多次的人，应该可以应付这种情况了，怎么跌倒，怎么爬起来。这是自己的事，有没有人看见，都和别人不相干。这样一想，力量就会回到自己身上，爬起来，径直向前，走开。

人为什么活着

碎片，或者璞玉

  人其实比物高明不了多少，都有浅尝则歇、稍歇则停、稍停则朽的惰性，都需要不停地敲打，来激励新的勇气。
  细细想来，自己二十多年来的路程，就是一路被敲打着走过来的。孩提时淘气，挑食，爱睡懒觉，每天都被父母敲打着——见人要微笑问好；三餐多吃五谷杂粮；早睡早起锻炼身体……这样的敲打受益终身，以至现在身体、习性上都没有留下不良病根，待人处事还得了温和沉静的好评。少年时健忘、骄傲、好赌气，时常被师长们敲打着——要养成一个好习惯，今日事今日毕；不要做井底之蛙，多站在高处看风景……严谨的做事方式和开阔的胸襟就是这样被敲打出来的。
  为了长得更强壮高大，抽枝的青苗必须接受园丁的修剪，剪去病枝。人生的敲打也是如此，而且在长大成人、功成名就之后，这种善意的敲打更是弥足珍贵！散文作家周涛也曾谈到，他成名后寄出的文章每投必中。直到有一天，他收到南方某杂志的退稿信，不免感慨。艺术的旅途从来没有止境，此刻一个批评的

声音，无异于未来更强劲的掌声。没有敲打，就难有进步，只会渐渐走向沉寂。

你身边有人"敲打"你吗？有的人顾着你的自尊，有的人畏着你的情绪，有的人呢，是看着你的口袋和位置，一味巴结你、奉承你，谁肯给你"敲打"？周围的人都在说你棒，夸你乖，这样的人生多温暖舒适，犹如乘风踏浪，随意漂流；这样的人生又是多么危险，犹如躺在泥潭里做着美梦。害虫已经钻进你的思想，腐蚀你的激情，麻痹你的意志，而你仍在自得其乐。曾经给你"敲打"的那只啄木鸟，已经被你赶走，你再也听不到"笃笃"的敲击声。一棵成年的大树，可能就是这样被掏空，被放倒。

少数人得益于那些"敲打"并最终成为伟人。世界著名男高音歌唱家帕瓦罗蒂，也曾默默无闻，每到一处演唱完毕，年轻的帕瓦罗蒂总会询问他父亲的意见，父亲总是摇着头说，孩子，还差那么一点儿，就差一点儿！因为这样的督促和"敲打"，帕瓦罗蒂从不敢丝毫懈怠，为了那"一点儿"苦苦追求，终于唱到了米兰斯卡拉歌剧院，唱到了纽约林肯中心大都会歌剧院，唱遍全世界。他的父亲终于点头：现在可以了。

巴金的那套《忏悔录》也令我震撼，展示了另一种人生境界。一个活得强劲有力的生命，不仅需要外来的敲打，同样需要自我的敲打，而后者更真实残酷，更接近生命本质。巴金不断用文字敲打自己的内心："今天鼓舞我奋勇前进的不仅是当前的大好形势，还有那至今仍在出血的我身上的内伤。"多少年过去了，是否参与那个时代悲剧，说没说过那些假话，仿佛已经不重要。很多人早已淡忘了那段历史，自觉或不自觉地原谅了自己。而巴金不回避，不宽恕，不迁就，借《最后的宣言》沉痛地表示:"重读过去的文章,我决不能宽恕自己。人们责问我为什么把自己搞得这样痛苦,正因为我无法使笔下的豪言壮举变为现实。"

一个能够接受自我敲打的生命,活得痛苦,但同样活得厚实。巴金活出了知识分子的良知,跨越了时间,树起了一座精神的丰碑!

不是每个人都能接受自我的敲打,那需要一颗真诚敏感的心灵;不是每一次敲打都能催生一次醒来的震动,那需要一片开阔的胸襟。那个叫马加爵的大学生,就是一个被内心的卑微和躁动敲打坏了的孩子。

多少年过去了,我一直记得老家屋后的石场中石匠们凿石的情景。在凿子有力的敲打中,火花四溅,碎片四散飞扬,我的眼睛一片刺痛。父亲告诉我:一块成长中的石头,要么被敲打成碎片,要么被雕凿成无价之宝。不经敲打的石头,必定是被废弃的顽石。

在人生不断的敲打中,我们会成为石头的哪一部分呢?

人为什么活着

 **我们都曾是卑微的种子**

　　一直以为，那些明星大佬的生活轨迹应该和我们是不一样的。我们的少年时光普通、沉默、自卑，甚至不值一提。他们应该早早脱颖而出，风光、张扬，才思敏捷，应酬自如，在小舞台上走出去也是焦点。后来发现，原来并不是这样。

　　葛优在电影里是个健谈、轻松、幽默的人，但采访的时候才发现他闷骚得很，并不很喜欢跟人说话，说出来的话也不幽默，好像要说的话、要耍的包袱都在电影里做完了。

　　葛优年轻的时候也做过考霸，考过电影学院、中央戏曲学院、实验话剧院、青艺等，但没考上。还好，老天没遗弃他，最后他在全国总文工团面试时表演了一个喂猪的生活小品，入了考官的法眼，算是录取了。

　　初进演艺圈的时候，葛优演过很多电影，但都没名气。当了10年配角，跑了10年龙套。老妈见葛优演了十来年电影都没动静，就敲打他：做演员行吗？以后有没有出息？改摄影得了。你适合做具体点儿的工作，不需要别人看着，不需要当时

人为什么活着

完成的工作。

遇挫折的小伙子对自己都很怀疑。小时候有的小孩子在大伙儿面前表演一点儿不怯。葛优在学校是宣传队的,但只是喜欢,单独干点儿什么还是怵,又放不下。在内心里,他甚至认为自己沉默懦弱的性格其实是不适合做演员的。

还好葛优像我们一样普通的时候没想出名想出病来,心态还挺好。虽然他从没想过主动去抓住机会,但机会还是抓住了他。《顽主》让观众第一次深刻地记住了他。当初演《顽主》的时候,导演米家山找的别的演员,拿过照片,看着演员后面的人问:"这是谁?"葛优在那个演员后边站着,找他试戏后就说行了。

因为《顽主》,王朔和冯小刚找《编辑部故事》里的演员的时候想到了葛优。他们来到北京市海淀区的木樨地,在一幢楼里好一番折腾,终于打听到葛优住的单元。敲门,却没有人应。隔壁单元的人说,他们要找的人外出了。于是他们下了楼,坐在摩托车上等。天下起了雨。过了一两个小时,远处走来一个人。一个年轻人指着那人说:来了。

这是冯小刚和葛优第一次见面。后来冯小刚感叹说,他和葛优有缘。葛优不在家,天又下着雨,如果不想等了,走了,就没后来的事了。

因为这些微妙的机缘,闷骚小伙儿葛优就这样走上银屏。后来的事,就是《甲方乙方》《不见不散》《没完没了》《大腕》《手机》《天下无贼》《夜宴》《非诚勿扰》这8部贺岁片。从1997年冯小刚推出第一部葛优主演的贺岁喜剧《甲方乙方》以来,中国的观众似乎也跟葛优达成了类似甲方乙方的默契:你们提供欢笑,我们去看电影。

人为什么活着

央视名记柴静少女时代也不是一个风光的人。小学、中学的任何科目，没考过100分，没进过前十，永远是班里最沉默、最灰色、最普通的孩子。一直到上大学后，母亲都在为她担忧：这闺女咋办呢？这么内向毕业了会不会找不到工作？为了保险起见，母亲替她做主，非常坚持地让她报了会计专业，这样不愁找不到工作。但柴静应该是历史上最糟糕的会计之一。据她描述，别的女孩子的课本永远是干净整洁的，重要的知识点下永远有用尺子打着的红线，可是她的课本，永远是卷着边的。"我觉得自己注定就无法成为那种规型矩正的会计。"做最普通的孩子，却教给了她很多做人的道理——要有一颗敬畏的心。一种体恤别人的态度，能够倾听，了解人心底的声音。珍惜爱。

大学毕业后，柴静的工作单位已经分配好了，一个稳定的会计工作。然而当时的她，并不想选择这条路。不顾妈妈的劝阻，她选择了做湖南文艺广播电台的节目。一直走到心之所系的平台，然后告诉那些有同样追求的年轻人："将来你们找到一个工作，或是爱上一个人，有一个瞬间，你就会知道：对了。那个瞬间，你不会狂喜，你很平静地坐在那儿，感觉非常舒服，就知道，对了。"

柴静的这些事情跟我少年时代非常类似。我少年时候沉浸在自己的幻想里，也不想跟人说话，怕别人无故打断我的狂想，独来独往的我在父母眼中是最担心没出息的那个孩子，说不定毕业后也找不到工作。我也曾担忧过，我这种性格能做什么事情呢？后来生活帮我打消了顾虑，社会总有一个舞台需要我们这些卑微普通的孩子。我在媒体这个舞台上和形形色色的人交流、打交道，做得很自如。

给个阳光，我们也会挺灿烂。有个机缘，我们也会玩儿得很

人为什么活着

精彩！

　　你看，葛优和柴静曾经都是卑微的种子，现在他们都站在非常热闹的舞台上，一个是喜剧演员，一个是出镜主持，都不是内向卑微的人能干的事。

　　原来他们都曾是卑微的孩子。

　　我们也都是卑微的孩子！

　　因此，不要担心那些沉默卑微的种子，有一天，都会开花。

人为什么活着

被一个村庄慢慢遗忘

我又回去了一次，寻找我在一个村庄生活过的痕迹。

我整理着旧物，发现小时候读过的书全部消失。母亲说，留着没用，送人了。剩下的书，有的被虫蛀了，有的受潮了，我一本本拿出来翻晒。村里七十多岁的康叔来我家喝酒，瞪着眼睛打量我，竟然没有把那个从小跟他跑龙套的家伙认出来，转而问我爸："这是你家老几啊，都这么大了？"我在村里转一圈回来，在路上又碰到他。他还是没有认出我来，问我是谁家的孩子，为什么跟他打招呼。我的愁绪来了，一个人站在路边，看着空旷的田野一点点将我推远。什么时候，我成了村庄里的陌生人？

村里的小孩子都不认识我。"儿童相见不相识，笑问客从何处来。"这真是首感伤的诗。

我曾是村庄里最刻苦、最寒酸的一粒读书种子，一个星期的生活费用只有5元钱，自己带米。我是上学唯一不乘车的孩子，每天用两只脚板丈量从学校到家十几公里的土地。那是一条四季变化的长廊，沿途花开果落，我抬头仰望天空的变化。周末阳光

人为什么活着

灿烂的日子，我常常躺在无人的草边看书，直到星光满天或者暴雨来临，才一个劲儿地狂奔。村里拉砖的车经过我身边时，就把我拉上去。这样我赶回家时，正好是村庄里温暖的灯光亮起的一刹那。开车的司机把我放下来时，常调侃说："小子，有出息了，别忘了我吴老大！"

我一度是这个村庄有出息的代名词，读书郎的样板。家长教训贪玩的孩子时就把我拉出来："看×××……"大有生子当如此，恨铁不成钢的意味。不知不觉中，我剥夺了多少孩子的快乐和选择。现在看来，我的出息还不如给村庄里打过一口井、修过一条路的人。我在村庄里一直沉默着，不敢多说话，小心谨慎，恭敬卑微，用心看守着我在一个村庄中的形象。我追求的目标一直游离于村庄之外，被村庄的人们所鼓励，但未必是他们所了解的。这是一件奇怪的事。

我也曾是一个多么平凡又固执的孩子。7岁时，我顶着一头野鸡窝似的长头发。村里的剃头匠来了，父亲骂我，打我，用钱贿赂我，我都不肯剃头，只为保留一点儿微风吹拂前额的感觉。我有一股子宁肯砍头、不肯剃头的犟劲儿，一个人躲到山里转悠，转到天黑回来，剃头匠早走了。我的倔强常让父母无可奈何而又特别恼火。有一次父亲逮了个机会，把我捆了起来，在地上铺了一地长刺的荆棘，任我在上面滚来滚去，鬼哭狼嚎；母亲有好几次把我赶出门去，闩上门。我一个人在黑夜的田野上来来回回地走，听空中的蝙蝠发出奇怪的叫声。我耷拉着眼皮回来时，门往往是虚掩着的，父母房间的灯已经熄灭。他们明天还要继续田里的劳动，一大家子，没有气力再来管我。

我的家曾是一个热闹的家，一个充满了妥协和斗争的战场。后来，哥出去了，已经三四年没回家，我到外地上学，待在父母

身边的日子也很少。每次回去，母亲都要帮我恢复遥远的记忆，让我想起那个任性而固执的孩子，就是我。

　　有一次，母亲微笑着对我说："你是我们多要的一个孩子！"我想大致是对的。母亲生我时，我上面已有六个哥哥姐姐，属于超生严打的对象。父亲曾想把我过继给一位满脸胡须的中年人，那么我的成长就会是另一条轨迹。母亲终究舍不得，把我留了下来。留下来的代价是计生队赶走了我家的一头猪，挑走了两担谷，搬走了一个祖传座式柜。那个柜子后来待在大队的药店里，我看见有一百多个大小不同的抽屉，装着各种各样的药材。我家失去了这个柜子，每个人都失去了属于自己的抽屉，还因为罚走的谷忍饥挨饿度过了整个冬天。

　　在这个村庄里，我仿佛一直是个多余的人，没有户口，没有田地——直到我14岁，村里的土地重新分配，我捞到了自己的一亩三分地。在之前的14年，我挤占父母兄姐的口粮，分享着一个村庄的阳光雨露。读书的时候，我还抢占了我兄弟求学的跑道，让他早早放下课本，离开了校园，为生计而奔波。很多人都纵容着我——一个淘气而幸运的孩子。

　　回村后，我多次爬上周围的山冈，从前后左右远近高低各个角度，打量我们的村庄。村里人都在地里忙碌着，只有我独自在山上闲逛猎景；他们早早学会了挑粪、插秧、除草等谋生的活计，只有我一个人躺在草地上看着天高云低，种种变幻的色彩；他们一生中想得最多的是结婚、孩子、吃饭的问题，那都是非常实在的事情，只有我偏偏想着精神幸福和安宁等抽象的东西；他们把大地的事情都背在肩上，我却把它轻轻卸在一边，想我一个人的事情去了。于是我离开了一群人的视野，被一个村庄慢慢遗忘。

人为什么活着

　　我是他们随手撒下的一粒种子,被风一吹,种子落到地边上去了。对于地边上的作物,庄稼人知道它是往外长的,结出的果子也会被鸟儿衔到别处,因此不会把它留在心里。但仍不忘顺手给它浇上一瓢水、施上一次肥,任它长去。花开花落是造化,花落谁家是变化。

　　但不管怎么说,它的根曾扎在地里,吸收着一块地的水分和营养,蓬勃地生长起来。因此它的头永远低着,垂向大地。一个人生活的道路是一种不确定的偶然,但我知道,不管到哪里,村庄都在我的心里。

人为什么活着

格吧格吧，青春

记得上大学的时候，所住的宿舍楼下就是学院的主干道。每到傍晚时分，人便像潮水一样涌出，向一个方向奔去，广播里也飘扬起伤感的民谣。这时，我常常和同室站在宿舍窗前做游戏：像偷窥者，我们从一张张匆匆而过的面孔，从步伐和穿着的不同，从姿势的从容或者仓促，来猜测闯入我们视野的，是一个刚进校园的小毛孩儿，还是久炼成精即将毕业的半社会人。

游戏无聊，判断的标准也很简单，但我们乐此不疲。从那条校园主道，我们总能寻觅到从前的自己，也能发现现在的影子。象牙塔内的成长，犹如密封的罐头拆开，只是一瞬间地催化。一个眼神，一个手势，一句微不足道的话，就足以促使你去承受某种变化，从校园跨越到社会。

以前，我们是简单的，花很少的钱，穿简单的T恤，交简单的朋友，做很简单的梦，说很简单的话，像不需要很多东西的彼得·潘，眼中的色彩是纯粹的，代表纯粹的情绪。但总有一天，你的感受会慢慢混沌，五味杂陈的滋味儿在心里蔓延。你突然

人为什么活着

发现，校外的世界是面多棱镜。你会遇上完全不同的人，进入不同的场合，戴上大家都习以为常的面具，说你喜欢的或不喜欢的话。这是一个隐秘的不为人道的过程，或许，也是成长的过程。

我曾经参加一次社会活动的告别宴会。那是我第一次跨出校园，在华贵的水晶灯的映照下，我发现在一堆名牌西装当中，我洗得发白的外套，显得如此寒酸。端起酒杯的刹那，从一道道微妙的眼神中，我又觉察到我碰杯的次序、敬酒的姿势是不妥甚至是不雅的。在餐桌上，别人谈笑风生，荤笑话素段子自如转换，而我的词源却贫乏而干瘪，校园那一点儿经历，就像一碗没有被任何调料的面条……这是一种奇怪的失落过程，在嘈杂的人群中，在一片欢声笑语中，你只拥有你的孤寂和不知所措。眼前的一杯酒已经发酵、变味儿。

这还只是一个前奏，它在暗中逼问你：你要不要飞速地生活？飞速地成熟？飞速地说话？你灵魂的磁盘在插入你不熟悉的电脑时，你愿不愿意被格式化？

你说为了明天，为了成长，那就格吧格吧，有什么大不了的。过不了多久，你就会成为一个精英，很熟练地打领带，很细心地擦皮鞋，拿着最流行的绝世倾城NOKIA，穿着梦特娇，绅士般地微笑，每句话都能赢得喝彩。即使面对那些讨厌的人和事，也照样浅笑不误……

格吧格吧，没什么大不了的。

那个夏末，社会实践回来，大家聚在一块儿，感慨比花坛疯长的杂草还多。小武很得意，说那张"三下乡"的宣传照片，经过电脑修改修改，可以在报纸上一发再发；张大则很神秘，说写好的广播稿件，一定要留个显而易见的错误，给指导你的主任修改修改；钟钟则很无奈，说出了校门就得端着架

人为什么活着

子，不然被人瞧不起……大家都很哲人，仿佛洞察了整个社会隐藏的秘密，而不管它是真相还是假象？我坐在那里，在一大群熟悉又陌生的朋友中突然沉默，看着窗外的树木疯狂地掉叶子，一个秋天就要到来。

　　这个时候我们正年轻，一个夏天的胡须刚刚长出来。我们像一棵棵成长中的水草，在浪潮中尽情摇摆，吸收各种说不出来的营养。但没有人帮助我们去判断，那些矿物质是不是有毒的？

　　在实习的单位里，总有人叫你"小孩儿，小孩儿，过来"！于是，你去打开水，扫地，或者倒掉烟头。在现在与将来，出世与入世，圆滑与融通的辩论中，你猜想我是排斥成长的。

　　其实相反。我不害怕成长，我只是害怕失重地成长。我不怕艰苦，就怕踏实做事却不如花哨的潜规则实用。我害怕我还未长大，便已经老去……

人为什么活着

下坡路

我18岁之前,常常从家门口前的那段下坡路上跑过去,像坐滑梯,带着一阵风,卷向远处的村庄。

路是乡村公路中很平常的一段,四十多度的坡,十米多长,两旁长满野草。中间土疙瘩,光秃,凹凸不平,下雨天还会泛起一层稀泥。路上不断掉落一些东西。一辆平板车刚刚翻过坡顶,刹不住脚,把它的一只轮子抛到了路边。一些放学的小孩子举着纸风车往坡下跑,风太猛,纸风车吹破了,被遗弃在路边。一个小伙子大摇大摆地走下坡,有几个硬币从他口袋里偷偷溜出来,躲进了路旁的草丛里。午夜下了一场雨,有人喝醉了酒从坡下走过,跌了一跤,留下一摊淤血……风一年四季光顾这条路,有时从上往下吹,有时从下往上吹,有时从两侧吹,路上留不住没扎根的东西。人在走下坡路时会跌跤,牛马在走下坡路时会失蹄,有时候是因为雨,有时候是因为自己。

我家的院子正对着这条路,使得我有更多的机会看清下坡路上的风景。我常常坐在院子里,打量路上留下的痕迹。我发现在

人为什么活着

下坡路上最快、痕迹最浅的是轮子，它们圆滑，没有棱角，不是在走，而是在滚，滚下去后就再也爬不上来了。痕迹最深的是挑担子的人的脚印。我见过他们下坡时的姿态。负重的人下坡时比上坡时更艰难。他们头略向后仰着，双手紧紧地抓住扁担上的绳子，腿部的肌肉紧绷着，前脚掌有力地撑着大地——慢动作地行进。比他们更慢的是一群蚂蚁，抬着一条祭祀用的虫子向坡下缓缓移动。遇上夏天里的一场暴雨，上天开辟的一条水路把它们带到坡底，它们会重新找到那条虫子，但已不是原来的那条虫子。

其实上坡路和下坡路是同一条路，走过去是下坡路，走回来是上坡路。只是人走的感觉不同而已。有的人走得趾高气扬，有的人走得平淡自如，有的人走得艰难无比，三年前，我和哥拉着一平板车的木材上坡，木材堆得像一座小山，远远超过我俩的体重，哥在前面拉，我在后面推。车到半坡时，我的手酸痛无比。哥的后背也湿了一大块。这时，车轮开始慢慢下滑，地心的引力永远是强大的。我们能明显感觉到一种拖拽我们下坡的反方向力。这股力是如此沉重而凶猛，几乎要压垮我们的胸膛。尽管那次我们没有被推下坡，但那股力给我留下了不可磨灭的印象。那是我走在困境中的上坡路，也许还有一种上坡路是我没有经历过的，就像坐在公共汽车上往上走，舒适安稳，没有压力；就像在温水中往上游的青蛙，它没有看到那种隐形地拉他下坡的力，当水温升高时却早已失去了弹跳力，只能在变化面前束手待毙。

我固执地把家门口的那段路叫作下坡路，它让我在上坡时仍然保持着一份下坡时的警惕。

 **假如生活欺骗了你**

生活有时候会和人们开个玩笑。

当孩子快要来到这个世界上的时候,每个父亲可能都有很多美好的期许。但蔡春猪的期许更普通,他若能和其他正常、普通的小孩子一样就好了。他给孩子取名喜禾,是希望他能够做一个欢喜的农家人。

当孩子被医生确认为自闭症的时候,蔡春猪的脑子蒙了。他在后来的日志中写道:"吾儿,知道那天你父亲是怎么从医院回的家吗?——对,开车。你说对了。你父亲失态了,一边开车一边哭,三十多年树立的形象,不容易啊,那一天全给毁了。你父亲一边开车一边重复这几句话:老天爷你为什么这么对我?我做错什么了?"

假如生活欺骗了你,你该怎么办?自怨自艾,以泪洗面,

 人为什么活着

够了，哭一次就够了，再哭个三次四次，那你就真的被生活欺骗了，压垮了，没有翻身之日了。对于一个悲伤的故事，最好的办法是用玩笑化解它。蔡春猪试图像那个挣扎着扭转乾坤的孙悟空，他给儿子写信，反反复复地说话，在命运所开的玩笑面前，他不断地开着自己的玩笑。这时候，喜禾的一举一动经常让蔡春猪陷入幸福之中。"他吃苹果很专注，嘎吱响，我都觉得很美，声音比舒伯特的小夜曲还好听；他拉屎我都觉得屎不一样，线条很美，像黄河九道弯。"

蔡春猪打算用一个玩笑化解掉另一个更大的玩笑。那些记录下来的片段就有了《爸爸爱喜禾》这本书。书中，有让人落泪的欢笑。

沈从文说，人类的事情常常有其相左的地方。上帝同意的人不同意，人同意的命运又不同意。岁月去时没有踪迹，忧愁来时没有方向……所以，假如生活欺骗了你，你也不妨骗骗它，不悲伤，不心急，忧郁的日子里需要镇静，悲伤的时候需要开个玩笑。

2

有一次，被人邀请去看一个盲人艺术团的相声。我以为，一个生活在黑暗中的人，也看不到台下观众的表情，怎么能让别人发出心底的笑声呢？可是我错了。

那个盲人小伙子在台上说单口相声时，台下一个男士接电话，声音盖过了他。他没有生气，只是摔一下醒木，对台下说："这位先生接电话精神十足，看来是听了相声的结果。打电话的肯定是男士，他能堂而皇之接，要是女士打来，他早就悄悄到外

面接去了。"那个男士听后立即跑了出去。

过了一会儿,我听到门开的声音,知道打电话的那个人回来了,台上的接上一句:"是打电话的大哥回来了吧?有人请客的话,听者有份儿啊,别忘了我们。"台下的人都笑了,发自心底地笑。我想,如果黑暗都阻挡不了幽默,生活又怎么能够轻易地欺骗,打击得了人心呢?

我想起了那个叫苏东坡的诗人,二十多岁中举,少年得志,然而仕途并不顺利,到"乌台诗案",生活更是使尽绊子,让他一贬再贬。有一次,在被贬海南的途中,遇到被贬雷州的弟弟苏辙,惊喜之余到路边小店吃面条。苏轼将"粗恶不可食"的面条吃光,苏辙却只吃几口就放下筷子叹气,苏轼开玩笑逗他:"莫非你还想细细品味吗?"尽管苏东坡一年三贬,最后被贬到天涯海角的海南儋州,但苏东坡旷达乐观、洁身自好的本性不改,经常"理发千梳净,风唏胜汤沐"。他甚至夜卧时,也以两手揩摩身体,试验古人所发明的"干浴",以"干洗快惬聊自沃"自娱自乐。

让现实来它的恶作剧吧,我该吃就吃,该睡就睡,该洗就洗,甚至可以嘲笑一下它,这才是应对的态度。你是不是也像那个自闭症孩子的爸爸、那个讲相声的盲人小伙子、那个仕途不得志的诗人,试着过欺骗生活?当你明明困在生活的樊篱里,却想象着,这是春天开往巴黎的地铁,让心灵脱离现实,从而获得从低谷中爬起来喘息的机会。

 好运气，好能力

很多人都羡慕福尔曼的好运气。他创办的美国游戏公司Omgpop只有40人，已经融资1700万美元，推出了约35款游戏，但并未获得多少收入。按照目前的烧钱速度，很可能今年5月就关门大吉。就在3月底，当福尔曼看着账上仅剩的1700美元发愁的时候，幸运之神光顾了，Zynga以1.8亿美元把它收购了，因为它终于推出了一款牛×游戏——《你画我猜》。

在完成与Zynga的交易后，福尔曼兴奋得头晕眼花，竟然走到了滚滚车流中。"我正在过马路，只听到'嘀嘀'的汽车喇叭声，"他说，"真像一场梦。"

这个绝处逢生的故事让无数创业者振奋。奇虎360科技公司的创始人周鸿祎在微博上说，看吧，成功都是偶然，不要迷信成功学，失败的教训是可以借鉴的，所谓成功的经验其实多是马后炮式地总结，加上盲目崇拜成功者，成功人士怎么吹都是有道理的，如果非要说成功经验就一条：熬出来的。

有人说，也有熬到最后水枯石干没见翻身的，如果问福尔曼

在破产边缘和绝处逢生之间学到什么技能，他估计会说，只是由于有人收购了我的公司而已。事实上，在整个过程中，运气和时机起了决定性作用。

生活就像扔硬币一样，总有几次会抛向正面，运气本身有时能够带领人们一次又一次地走向成功，因此区分真正有才能的人和仅仅是运气好的人并不简单。我想福尔曼其实对运气抱着很平静的态度，因为在最举步维艰的时候，在前面34款游戏悄无声息的时候，他依然没有停止对新游戏的开发。就在Zynga收购福尔曼公司的7个星期前，《你画我猜》这个手机游戏才刚刚诞生，只要账上还剩一分钱，福尔曼就让研发团队的成员们继续工作下去。这款《你画我猜》互动小游戏推出以来，下载量已超3500万次，玩家已经画了超过10亿张图片。它的迅速蹿红成功吸引了Zynga的注意力。

运气的概率其实对每个人都是一样的，有人始终相信能力，珍惜每一次失败提升能力的机会，最后的好运气只不过是印证了他的好能力；有人仅仅是赌成功的运气。因此你会发现，生活中，相信前者的，他没有浪费任何一次概率，往往离柳暗花明只有一步之遥；相信后者的，随时都在放弃。

热爱自己

乔·吉拉德在他49岁退休的时候,被誉为"全世界最伟大的推销员"。在此之前,他连续12年保持全世界推销汽车的最高纪录,平均每天销售6辆。他因此被载入《吉尼斯世界纪录大全》,也以此证明父亲的一句话是错误的。

小时候,他父亲认为他是一个四处游荡的笨蛋。如今他游荡在全世界,成为全球最受欢迎的演讲大师,为众多世界500强的企业精英讲授他的成功经验。每到一个地方,人们都要问他一个问题:"你是怎么卖出这么多汽车的?"

乔·吉拉德的回答只有8个字:"热爱自己,相信自己。"他认为人的一生是非常有限的,有的人买了很多身外之物,比如房产、珠宝,其实人首先要买的是自己的信心,然后才能推销出自己。事实上凡是向你买东西的人,买的都是你,你的信念,你对生活的热忱。推销的要点,并非推销商品,而是推销自己,当他做推销员的时候,他的衣服上经常会佩戴一个金黄的"1"字,有人问他:"是因为你是世界上最伟大的推销员吗?"他的

人为什么活着

回答是否定的。他说:"我是我生命中最伟大的,没有人跟我一样。"

世界上到处有人问乔·吉拉德是卖什么的,他说,是世界上最好的产品——乔·吉拉德。因为热爱自己,乔·吉拉德也受到很多人的热爱,在做汽车推销员的时候,很多人即使排长队也要见他,买他的车。因为热爱自己,73岁的乔·吉拉德认为自己的心理年龄只有18岁,因为他始终保持着蓬勃向上的精神状态。与之形成鲜明对比的是,我们周围一些人一生都在愁云惨淡、郁郁寡欢中度过。他们见人一脸苦相,两条愁眉,抱怨工作不好,机遇不好,命运不好,生活混沌,无力回天,认为朋友抛弃了自己,爱人抛弃了自己,生活抛弃了自己。而事实是,很多时候是他们自己抛弃了自己,因为他们没有热爱过自己,没有看重过自己,没有相信过自己的潜力。

每个人的生活都有问题,但乔·吉拉德认为,问题是上帝赐予的礼物,每次出现问题,把它解决后,自己就变得比以前更加强大。

一位医生说,每个人体内有1万个发动机,热爱生活的人有责任把所有的发动机全部启动。没有人能左右你的思维,没有人能左右你的生活,只有你自己能控制。

徒劳之美

每个人的人生都有那么一段徒劳的经历。

台湾作家九把刀说到他小时候的选择，并不是成为一名作家，而是成为一个漫画家。小学时他痴迷卡通片中的原子小金刚，于是将原子小金刚当作蓝本，画了很多图画，漫画串成故事，是原子小金刚跟怪兽、机器人和恐龙讲话。同学们都非常捧场，课间争相传阅，并且催促九把刀赶快画出最近的剧情。这让九把刀画得更加起劲儿，最后惹得老师开始跟家里告状："你的儿子数学考试都不验算，考卷翻过去，全部都是漫画。"

然而今天看来，最初的梦想并没有变成现实，九把刀成了成功的作家，甚至是成功的电影导演，而不是成功的漫画家。毫无疑问，痴迷于漫画的那段经历变成了徒劳。

九把刀以自身的青春期恋爱经历作传，自编自导的电影《那些年，我们追过的女孩》就是一部恋爱的徒劳史。花很长时间去

人为什么活着

暗恋一个人，然后花很长一段时间去追求一个人，如柯景腾，最后都没有结果，还要眼睁睁看着这个女孩子和别人谈恋爱，然后嫁人，新郎却不是自己。虽然徒劳无功，虽然可能对于未来没有任何意义，可是，又怎么能否认，那便是我们真实的生活，让我们哭过笑过，恨过恼过，伤心开心过的每分每秒。

电影中有那么一段镜头：沈佳宜教柯景腾学习数学，柯景腾说，你信不信10年后，我连log是什么都不知道，还可以活得好好的。

沈佳宜说，我知道。

柯景腾说，那你还那么用功读书？

沈佳宜说，人生本来很多事就是徒劳无功的啊！

沈佳宜的话直白、精辟，一语点醒了主题。人生明知很多事情是徒劳无功的，却还要去做，这不是苦役，恰是人生的乐趣和悬念之美，美在不可知，需要在以后的路途中细细体会。

把人生的卡带倒过去看一下，九把刀如果不是从小练就了用画面讲故事的习惯和潜质，他的小说和电影就不会变得如此生动和细节丰满。乔布斯在大学期间休学了，无课可上，如果不是无聊的时候去自学一些书法课程，沉溺于书法里，后来畅销的麦金托什电脑可能就不会有多种字体和变间距字体了。台湾知名导演、作家、主持人吴念真当了3年特种兵，当时认为当兵很倒霉，3年就鬼混过去了，但转头来看，军队里有各种不同的人：有大陆过去的老兵、台湾各地的新兵，他们家里都做不同行业，有不同的教育程度。同他们相处，听各种故事，知道了不同人的生命经验。

所以吴念真说，人生就是从一大堆很严厉的状况中挣扎过来的，每一样东西都可能是养分，包括徒劳。如果把所有事情的取

舍都看得那么功利、直接,这样的人和人生该多么寡淡无味!完成了一个目标会有另一个目标,获取了一些财富还想更多财富,争得一个职位还有更高的职位,人如果依靠这些去寻找幸福,幸福会越走越远。

　　不妨体验一下徒劳之美,平常事物也有乐趣,琐碎工作也有意义,幸福就不仅仅是豪车美宅、职业风光,而在自己内心的温度、视野的高度对幸福和喜悦的最简单感知。

人为什么活着

人人心中有颗北极星

一次去山东旅行，我没有买票就冲上了列车。在列车办公室里补票时，那个满脸疲倦的列车员大声打着呵欠，看见我戴着MP3，就随口问我听什么，我说邦·乔森的摇滚，他的眼睛立即放射出光彩来。一路上，他兴奋地与我谈着那些震撼过、感动过他的摇滚歌曲，几次要拍打我的肩膀。一个死气沉沉的人，一经音乐的点拨，立即恢复了他生命原有的活力。

这样的变化，生活中并不少见。

在一本画报上，我曾看到一张关于矿工的照片：阴暗的光线下，年轻的矿工挺直着黝黑消瘦的身躯，脸上挂着微笑。照片下面有附言，说他热爱摇滚，最喜欢的歌手是郑钧。我猜想，他的心中一定有一个什么东西在指引着他，给了他一个丰富的精神世界，可以抵挡工作的艰辛和现实的坚硬。

时光不停流转，不以人的意志为转移，我们整天在这个物质化的世界中忙忙碌碌，一路走来，总要经历痛苦、欢乐、失望、希望、成功、失败。任何一样都无法逃避。

人为什么活着

生命中总有像那个列车员打着呵欠的时刻，满满的慵懒和灰心：我在做什么？需要我做什么？我能做什么？当我们对某种生活常态感到乏味，有沉重的无力感，感觉工作空洞没有意义，通往希望的大门和窗户都被封死的时候——支持着我们呼吸新鲜空气，从厌倦绝望的边缘转身回来，叫醒思想，重燃激情的东西到底是什么？

有个朋友曾经发来这样一个故事：比赛尔是西撒哈拉沙漠中的一个小村庄，从村庄走出沙漠，一般只需要三天三夜。奇怪的是，在英国皇家学院院士肯莱文发现它之前，当地无人走出过大沙漠。他们不是不愿意离开这块贫瘠的土地，而是尝试多次均以失败告终。肯莱文非常纳闷儿，于是雇了一个比赛尔人，让他带路，一探究竟。他们准备了半个多月的食品，牵上两匹骆驼就出发了。10天过后，他们走了大约800英里的路程，第11天的早晨，他们果然又回到了比赛尔。肯莱文终于明白，比赛尔人之所以走不出大沙漠，是因为他们根本不认识北极星。肯莱文告诉那个比赛尔人，只要白天休息，夜晚朝着北面那颗最亮的星星行走，就能走出沙漠。对方依言行事，果然成功地走出沙漠。

这个故事首先引起了朋友的思考，让他有些感慨："我就像在沙漠中转圈的比赛尔人，每天忙忙碌碌的，说平淡也好，说浑浑噩噩也好，没有什么区别。有时走过长长的楼道，感觉心内荒草丛生，再没什么雄心壮志，荒漠般的人生已使我麻木，对绿洲的渴望像一个遥远的梦，指引我的北极星又在何方？"

这位朋友是大学法律系教师，一拨拨的学生在他的培养下走出校园，或者出国深造，或者功成名就。此外，他兼营一家律师事务所，生活富裕，拥有豪宅靓车。他应当有成就感，还有如此感言，何况庸庸碌碌的工薪阶层呢？

人为什么活着

甚至有人因此结束生命。26岁的孟懿，中科院上海有机化学所在读博士生，从7楼跳下，结束了宝贵的生命。一个从小到大一直是人们公认的好学生，女友在美国留学，事业和爱情一帆风顺，却只留下一封从容处理自己后事的遗书，令人扼腕叹息。他说过，自己也感到奇怪，难道尘世间一样值得他留恋的东西也没有吗？仔细考虑后，他回答自己：没有……我想，他在走之前度过的岁月，一定如同沙漠般干涸枯燥，缺乏爱和希望的滋润。

所以，我们在实现丰衣足食的同时，还需要更高的精神目标，引领我们向前奋进，给予幸福和希望，就像北极星一样。康德曾说："世上最使人惊奇和敬畏的两样东西，就是头上的星空和心中的道德律。"道德律姑且不说，倒是这星空常常让我神往和敬畏，而且我每次仰望星空，总要找找那颗北极星。

如今，我最新的人生宗旨就是：人人心中有颗北极星，有自己所珍爱、能被激起激情的东西……

人为什么活着

那些花儿

大地回潮,一个冬天过去,满山遍野的花儿开放,整个村庄变成了一只花篮,鲜艳、明亮。那些花儿,红的、蓝的、紫的、白的,尤其是那些挂在悬崖边一串串的,藏在荆棘中一大朵一大朵的,我常常忘记了它们的名字。有一次我贪玩,冒着被蜂蜇的危险,从水边的深草丛里采摘了一朵金黄色的大花,放到鼻子前嗅,结果我被闷倒在地,半天没爬起来。

那个春天,姐不带我外出了。她叫我去采摘各种各样的花。我家的院角开着一大片兰花,洁净而素雅。院角的菜地里开着一排黄花,那是可以入菜的。我从山上采花回来,一大群蝴蝶就追着我跑,想讨回我带走的花。我把花插在一个净水瓶里。那些蝴蝶却忘记了花,在一个大立柜的镜子前翩翩起舞,顾影自盼。那是姐的嫁妆。姐要在这个春天出嫁了,嫁到另一个村庄。

在一朵花开得最盛的时刻,它总要被采摘,有的离开了它的村庄。姐走的那天,我把很多花都放在一个大柜子里。我因贪图那些花儿,一个人钻进柜子,结果被人抬到另一个村庄,见证了

一朵花的嫁接仪式。

那些在河边浣衣的女子，那些心灵手巧的花儿，一个接一个，一朵接一朵，陆陆续续离开了我们的村庄，她们被带走了。那是很多人的欢欣，我一个人的悲伤。

姐走后，窗台上的花渐渐枯萎了，院角的兰花死了一大片，家里的墙壁蒙上了一层灰暗的灰尘，上面贴着姐出嫁前买的一些年画，多少年没换了。没有花儿的家，就像一块没有阳光的土地，很少有人愿意清理和翻整。所幸的是那些花儿都长着翅膀，飞出去，还会飞回来。她们都认得回家的路，每年都要带着丈夫孩子回到我们的村庄。尤其是大年初二的时候，村庄的大路上穿梭的都是回家的花儿。那一天，整个村庄的天空显得特别明亮。树枝上都挂满了鸟儿的欢叫。留住那些花儿曾经不只是我一个人的想法。有些花儿终究是要走的，她们找到了另一片高远的天空，就要展开翅膀飞出去。那就让她们去吧，那是她们想要的幸福。强行留住一些花儿，常常是一场不可收拾的悲剧。

10年前的一个晚上，我的邻居家灯火通明。一群不相干的人挤占了大门，一群相干的人铁青着脸，还有两个被孤立的人垂着头，缩在屋子的一个角落。这是一场对峙。邻居家的女儿带回了她在外面相爱的对象。在此之前，父母已经替她定了亲，一水之隔，对象是村里的一个小伙子。他常常殷勤地跑来，帮未来的岳丈家干活儿。小伙子这次跑来，带着宗亲，不是来行孝，而是质问女方为何毁约。在媒妁之言、父母之命主流的年代里，一朵花儿孤立地开在荒芜的处女地上，迎战秋风。一场雪落在邻家父母的脸上，他们不仅没有认同女儿带回来的女婿，而且下了逐客令，发了毒誓——不许他们和他们的孩子再踏进家门一步。两个年轻人渐走渐远，含着眼泪，一步步远离了一个村庄的灯火。

人为什么活着

　　一个月过去了，一年过去了，又一朵花儿走上了和邻家女儿相同的轨迹，但她没有走出我们的村庄，而是用一瓶毒药的抗争窒息了自己。我家对面的山上添了一座新坟，竖着白幡，开着白花，跪着两个人，姑娘的父亲和等待中的新郎，泪水消弭了裂痕。一场风过去了，又一场风过去了。小伙子依然年年来到村庄，成为我们村庄的半个女婿。

　　有多少错误可以弥补，有多少花儿可以重新开放，有多少爱可以重来。我看见时间的手在天空中舞来舞去，涂改着昨日或光鲜或黯淡或热闹或寂静的一切。邻居家一年前发的毒誓随风飘逝了，而割不断的是血浓于水。一个清凉的早晨，一挂悠长的鞭炮过后，邻居家迎来一个名义为外孙的胖小子，没有任何的非难，这个时候出生的孩子都是幸福的孩子。

　　村庄里曾经忙碌的媒婆，歇脚了，她们生活的舞台和古老的影子戏、露天电影，都冷落了。那些花儿，以风为媒，自由地寻找自己的爱情和归宿。

　　我大二那年回家，发现村庄的公路又加宽了，来来往往的车子多了，两个轮子和四个轮子的一起奔跑。回家的人，有的带着鲜花，嫁接来的，以前被定义为一种不能果腹的东西。词义的变化见证了一个村庄岁月的变迁。

　　我每天晚饭后出来散步，绕村庄转了一圈。山野上的那些花儿，不知什么时候，跑到人家院子里去了。风送来一院子的花香，还有朴树的那首《那些花儿》。夕阳洒在一个脸皮白净的小伙子身上，他站在桥头，弹着吉他，陶醉地唱着，伤感而优美的旋律，让孤独而幸福的人们想起那些曾经发生过的事：

　　"有些故事还没有讲完那就算了吧/那些心情在岁月中已经难辨真假/如今这里荒草丛生没有了鲜花/还在曾经拥有你们的春

秋和冬夏/那片笑声让我想起我的那些花/在我生命每个角落静静为我开着啊/曾以为我会永远守在她身旁/如今我们已经离去在人海茫茫/她们老了吧/她们在哪里呀/幸运的是我曾陪她们开放/啦啦啦啦啦……"

人为什么活着

何以慰饥肠，何以去忧伤

原搜狐博客频道的主编村头树辞职后开了一个网店，贩卖家乡的味道，网店上用一首诗做注脚：每一个乡村都有它的芬芳。

我喜欢这句话。乡村的食材，无非是五谷杂粮，和城市相比，看似贫瘠，却各自能吃出百样芬芳。

我长于鄂南和湘北交界处的一个小山村，丘陵地带，物产并不丰富。每家每户只有山夹缝中的水田，并不丰产。能丰富味蕾的唯有房前屋后的几块菜地和旱地。春种青菜萝卜，夏种豆角黄瓜苦瓜茄子花生地薯，每块地垄的边边角角，见缝插针地种有黄花菜、绿豆、红豆和黄豆等，秋种辣椒大白菜。施的是天然人工肥，长一茬摘一茬，无反季之说。

冬天呢，田里、地里都没有什么可收的了。动物尚知道在洞里藏起谷粒和松果，农人更加聪明。在秋天的作物收上来的时候，便盘算着做成冬天的食材储备。

对于小孩子来说，冬天最简单、最可口的零食便是地薯。我挖过冬天遗漏在地里的地薯，被霜冻过之后，生吃都比秋天收获

人为什么活着

的那些地薯更加清冽甘甜。其实,秋天收进家里的地薯并没有都进地窖做种子,还有好几筐留在大堂里。当外面寒风凛冽,无处可玩儿,又饥肠辘辘的时候,拿几块地薯埋在烧水的灶下,不一会香味儿就散开了,扒出来撕掉皮,便可饱餐一顿。

心灵手巧的主妇早早地把地薯洗净,蒸熟了,把皮去掉,切成薄薄的细片,放在竹筛子上。太阳一出来,就搬到院子里晒晒,晒到松软合适,便是纯天然的地薯干。冬天拿出来待客,润滑健脾,益气生津,是大人孩子都爱吃的零食。

地薯还能磨成粉。靠河边,家家有一木桶,让地薯的淀粉沉淀,用纱布过滤出来。小时候最喜欢和父亲早起,踩着秋露到河边,看木桶底下,滤干了水分,只留下一层湿漉漉的白色淀粉,用细小的干树枝能在上面画个笑脸。父亲可没这闲工夫,撸起袖子,拿起铲子,三下五除二就把一层厚厚的淀粉铲了起来。拿回家,放在太阳底下,晒干,用手碾碎,纷纷扬扬,在纸上积成厚厚的一片碎末。

地薯粉贮藏着,随时能变成餐桌上的一道美食。烧一锅开水,将地薯粉冲拌、稀释,浇在小铝盘里,放在开水上慢悠悠地转转,转眼就烫成了一张薄薄的粉皮。待粉皮成形了,起锅,用筷子拨拉一下整张掀起,摊在砧板上,稍凉,切成条,切成片,四四方方,如同被子图案上的小格子。然后晒干,收起来放在柜子里。哪天赖床起晚,不想做饭了,就下一碗,放上葱花,香味儿四溢,滑溜爽口,比北方的面食还管饱。

从地里挖出的毫不起眼儿的地薯,就这样被乡亲们做出一篇大大的文章,酝酿出诸样芬芳,我常为这样的想象力叹服。还有大白菜,秋天晒干,做成不同于北方的干酸菜;萝卜切丝晒干,做成干萝卜丝,都是下菜的良品。

人为什么活着

地里收上来的豆子呢，更有文章做了。直接炒炒，放点儿盐或糖，最好下酒。磨成豆腐，不掺水，没有城市里那些乱七八糟保鲜的添加剂，切成薄片，翻炒，下锅不碎，放点儿葱，一清二白，味儿平淡，趣悠长。也可磨成粉，像地薯粉皮的做法一样，切成粉皮丝，晒干，随时可下锅当早中晚餐。

豆腐吃不完的，放盐，用坛子密封发酵。一两个月后，就是豆腐乳。每次挑出来一点儿，必须继续密封，那种原味，超市里罐装加水加酒精的豆腐乳无法媲美。

还有吃不完的，装在竹篮上，放在柴火灶上烟熏干。当这种烟熏豆腐干被母亲拿出来的时候，金黄透亮，洗洗，切成片，我们的口水就都流出来了。

这些家乡本土特色的食材，简简单单，喂饱了少年的饥肠，至今也只能在老家的乡村见到尝到。定居城市后，在这个浮华到坚硬的年代，走过深夜的街头，看到路边地薯摊的烟花火光，回家后下一把有时候几个小时都煮不烂的粉条，胃里常常涌起一阵莫名的悲伤。

那个村庄的芬芳，只能在假期的时候偶尔重温。抽个长假，回到故乡，听听平时听不见的山幽鸟鸣，看看寸寸光阴在庭前徘徊，闻闻麦香和瓜秧，吃青菜，喝羹汤。再带一些大包小包回城，慰饥肠，去忧伤。

人为什么活着

城里的月光把梦照

池塘里水满了，雨也停了，田边的稀泥里到处是泥鳅。天天我等着你，等着你捉泥鳅；大哥哥好不好，咱们去捉泥鳅？小牛的哥哥带着她捉泥鳅；大哥哥好不好，咱们去捉泥鳅？

这样的儿歌，儿子只能在电脑里回放，而我则在漫长的童年思绪中回想。

最是这样的乡村初夏夜，让我迷醉。在满天的火烧云过后，悠悠长风送来了稻谷青苗的芬芳，长长短短的蛙声一片连着一片。当忽明忽暗的星星在对面的山头由远及近一个一个地被点亮时，喧闹的夜才真正开始。

吃过晚饭，洗过澡后的人们都搬着椅子，摇着蒲扇在院子里侃古聊天。孩子们最经典的游戏当然是拿一个罐头瓶子，去田边地头的桑树、灯芯草叶子上寻找那一闪一闪的萤火虫光。不要多，多了反而无趣，只抓住那虫光的一个两个，看它们在宽大的瓶子里飞舞。或者跟着你在院子里黑乎乎的树影下奔跑，像两个人，在坦荡的天幕下跳舞。

 人为什么活着

夜再深一点儿,天再闷点儿,就能听到泥鳅在水田里翻腾的响声了。着粗布短褂的一群孩子,三三五五,拿着手电筒去照泥鳅、黄鳝。赤脚踩在松松软软新翻的田埂上,有股泥土的清香直侵鼻底。那一道道长长短短的光,从稻田的水面上划过,却从不会惊醒水底下的生物,只有长出尾巴的蝌蚪、水蛇一样的黄鳝总会出其不意地游过来,把沉淀着闷睡的泥鳅赶跑了。还有长出了长腿的青蛙,"扑通"一下,溅起一层浪花,打破夜的静谧。

这样春夏秋冬四时不同乐趣的变化,这样在自然中奔跑触摸的童年,在我求学离开这个村子不久,就渐渐不可见了。再后来的孩子,已经没有了产生自然想象力的这片土地,也没有了童年。进城的孩子在可怜的汽车尾气和雾霾中行走,假日从一个特长班疲于奔命于另一个特长班。留守乡村的孩子同样贫瘠,在这个楼价疯涨的年代,有人买不起城里的楼,又失去了村里的地,孩子们的童年像纸风筝一样被遗弃在荒芜的田野间。

有个夏天,和好友去郊外草地观察虫子,发现虫子们大致都向与城市中心繁华地相反的方向撤离……我们商量,根据虫子奔跑的方向,去水草丰美的长江边买幢房子居住,说不定能让我们的孩子听到久违的蛙鸣和虫叫,能闻到花草的芬芳和泥土的气息,这样的夜晚,星空辽阔深邃,月亮来去自由。

可是寻寻觅觅良久,未得。那些最为常见的明月、清风、稻香、蛙声、星光、雨点在今天反而成了稀缺品。就像纯洁干净的空气,以前触手可及,无限供应,在今天的雾霾天里被当作稀缺品标价出售。

钱穆于20世纪40年代曾说:"国人正在开始正式学忙迫,学紧张,学崇拜功利,然而忙迫紧张又哪里是生活的正轨呢。功利也并非人生之终极理想,到底值不值得崇拜,而且国人在以往长

时期的闲散生活中,实在亦有许多宝贵而可爱的经验,还常使我们回忆与流连。这正是国人,尤其是懂得生活趣味的国人今天的大苦处。"

是的,我们都失去了童年,失去了故乡,患上了自然缺失症,唯有被高楼挤压着的月光,在夜晚,把梦来照。

人为什么活着

遇见八月的芬芳

古人多从八月中闻到秋风转凉的气息，故多悲词。在大地上走过，我却遇到了这个季节独有的清朗、开阔和芬芳。

八月多雨，根本让你来不及冷清和寂寞。一场雨过，池塘里总会开起音乐会。种类繁多的鱼儿漂浮在水面嬉戏。那些被夏季潮湿的空气憋闷已久的青蛙，鼓起腮颊，演奏出美妙的南北曲调，呱，呱呱……一声，两声，众蛙和鸣，天地浑然，青草间，绿树下，瞬间都成了音乐的海洋。小孩子最先开始释放心情，脱得溜光，扑通扑通先后跳入水中，一群小脑袋在水面上起起伏伏，让整个童年的记忆在八月里都透着清凉。

雨停后，万物如洗。"晴空一鹤排云上，便引诗情到碧霄。"八月的苍穹，是那样深邃、空阔、高朗，几只大雁横过蓝空。而圆圆的麦秸垛下，三五只母鸡悠闲地刨着生活的安逸……在悠悠的长风送来的笛音中，你匆匆赶路的脚步会不知不觉地放慢下来。这样的日子，不应该宅在家里，不应该为那些琐事缠着，而应该去登高望远。站在古人登临的高楼上，看不舍昼夜的

 人为什么活着

流水逝者如斯夫；站在高山之巅，看层林渐染上金黄。还有什么比自然的安排更能看到人生的开阔和高远呢？

山野中，槐花黄，桂香飘，菊花随风笑。不去争春花的妖艳，但是该怒放的时候就要尽情地盛放。那些最美好的花未必是开得最早的，而是听从季节的安排，听从内心的呼唤，顺其自然地吐出蕴含的暗香。

八月里，看到花事的浓烈，同样会看到果落的清香。走在乡间的小路上，空气中都酝酿着果子成熟的味道。吸收着阳光的热量，枣、杏、梨、葡萄等经过春天的摇摆，夏雨雷电的拍打，终于走向了饱满、鲜红和低垂。它们的心思都写在脸上，走过鲜衣怒马的花期，经历了风吹雨打的磨炼，不再青涩，不再招摇，不再抱怨和患得患失，骨子里添了韧劲儿，心性里添了从容，岁月打磨出的风情流动在沉甸甸的枝头。风摇过，是果的窃窃私语，匍匐吧，再低一点儿靠近大地，报告收获的喜讯和感恩。

八月，生命经过漫长的沉淀，终于走向成熟，走向最好最舒服的姿态，散发最有魅力的芬芳。终于懂得了生命的每个阶段，都有其独特的美丽，能实实在在地度过且充分享受生命每个阶段的美好，才会无悔，并在收获的季节里得到独有的一份充实。

年味儿

　　一场雪下来/删掉了所有金黄的画面/季节被冻哭了/几片枫叶做今年/最后一次回眸/头场雪被挤得纷纷扬扬/就这样，一年走到了尾。

　　正是在一场雪的铺垫后，在工作年终总结的尾声中，我们闻到了中国人熟悉的独有的味道，由远及近，由淡变浓，贯穿游子的心和团聚家人的眼。没错，这就是"年的味道"。无须渲染，不必提醒，每个人都可以用自己的心去体会。从人头攒动的火车站候车大厅中，从同学和老乡一句"什么时候回家"的问候里，从年货摊上日渐增多的人流前，从踏上故土的一种温馨心情里，我们都可以轻易地嗅出"年的味道"。

　　这是中国人一年一度的情感大爆发。生活节奏的日益加快，成长的步伐越迈越远，在工作的忙忙碌碌中，在为稻粱谋的烦琐事务里，我们有意或无意忽略了小家外的另一个家，那最初带自己出发去远方的人——最亲的人，也是光阴的留守者。大概在年味儿记忆的熏陶中，在一个呼唤回归的假期里，很多细节和情感

人为什么活着

被唤醒,被激发,于是以团聚的名义,出发。返乡之路都不轻松,我们就像逆流而上的大马哈鱼,无论面对多少激流险滩,依然向着一个目标坚定前行,因为那里有我们的父母亲人,那里不仅是我们物质意义上的家,更是我们精神世界的寄托。

当我们洗去一身疲惫,抵达温馨的家,才来得及细细品味"年的味道"。这是一代代人传承的氛围,一个个灯笼飞上屋檐,一副副对联贴上墙壁,一件件新衣奔离衣柜,一声声爆竹响彻天地,一句句祝福口耳相传。年味儿,它融化在全家团圆的喜乐气氛里,在晚辈孝敬长辈围坐在桌前敬的那一杯酒里,在屋外烟花闪耀飘进鼻内的一股幽香里,在妈妈忙前忙后做的一顿年夜饭里,在逛庙会看着舞龙吃着糖果仿佛又回到童年的一种享受里,在甭管认识不认识见面都说"过年好"的那种友好感觉里……

每年春节,离开城市,抛开工作,我都会窝在我出生地方的这个懒洋洋的村庄里,享受年味儿,享受着一年中最放松的时刻。卧室的家具都没变,父母的笑容也没变,小时候妈妈做的幸福食谱还是那个味道,过年的仪式还是那几样,拜访的亲戚、串门儿的同学都是熟悉得不能再熟悉。但是正是在那熟悉的图谱和仪式中,让我感受到慢下来的意义——生活中,总需要那么一个时刻,看到文化、情感和精神的依傍,让生活节奏慢下来,让脚步等等灵魂。

在除夕,在院子里烧一堆柴火,和老父亲一起守岁,想起少年时代听父亲在火堆旁讲过的故事,以及由此升腾的想象和对未来生活道路的期盼和选择,时光的流逝感油然而生。所谓守岁,于民间大概是为了守住几千年来对喜庆、吉祥、平安、团圆、兴隆、长寿、富贵等幸福字眼儿的追求,于个人则是守住人生最初的梦想。只有这一刻,和父亲待在一起的这一刻,时间的脚印是

如此清晰和缓慢，我们平静地等待午夜那一声钟响，除旧迎新，抛开烦忧，卸下过去一年的心思和包袱，以一颗洗涤过的心，向未来献出最虔诚的祝福和祈祷。

　　短短的春节过去，在父母依依不舍的眼光中，我们又得返程回到日常的轨道。年味儿，似乎由浓变淡了。在我看来，年味儿不是淡了，而是化开了，化作春天的祝福和新生。沐浴过年味儿的人，在路上，心情和春天都不会老去……

人为什么活着

 父子游戏

我记得那天晚上的灯光很柔美。

我没有听见他的哭声,当他被抱出来的时候,他睡得很安详,头发上的污迹还没有洗去,眼睛睁不开,柔弱无力。直到上了病房四楼,护士给他打完针放到护理室的保温箱,才听到他沙哑的哭声,而人家小孩子的哭声,响彻走廊。

我回去看看他母亲,又回头站在门外看看他,这是一种奇怪的感觉,说不上是喜,也说不上忧。

但我生活中的一部分就此改变,在医院的四天里,我学会了笨拙地给他包纸尿裤,承受着他两三个小时醒一次的呼唤,还有抱着他时,他对我的无限依赖。

以后的生活里,我陪伴着他日复一日变化,看着他透明的小手指渐渐伸长、白皙,他的左右翻滚变成骨碌爬起。我们吃饭时,他就在旁边趴着,和旁边的米老鼠一个姿势。他能一口咬下一小截香蕉。

我看着他笑时,他也看着我笑。每天早上他在六点左右准

人为什么活着

时醒来,有时会喊着"爸爸",含混不清,还会抓着他妈妈的头发,把每个人都叫醒,好迎接新的一天。

我记起他出生时,一个朋友发过来的短信:"从此,你的人生不再寂寞。"

我曾经幻想过,长大了,带着这个小尾巴去做什么?骑车去远行、去爬山、去漂流,去体会古诗中"一去二三里,烟村四五家,亭台六七座,八九十枝花"的写意风景。或者就在某个阳光明媚的周末,携一钓竿去钓鱼,他坐在青苔深草中,有人问路,他轻轻摆手,不出声,怕惊动了水中漫游的青鱼。我就在旁边支着一个速写本子,画下这滑稽的一幕。又或者,只是每人拿一本书,都不说话,各自翻看别人的人生。

所有的幻想都没有生活本身生动,我其实只是他的一个玩伴。只有在日复一日的陪伴中,他才能用心悟到,身边的是最亲的人。他上幼儿园了,每天回来看到我的背影都是在电脑前,于是搬过他的积木、小汽车,摇着我的手,要和我分享他最喜爱的东西。然后,我就变成了一个小孩子,和他坐在地上,让手中的积木变成城堡、街道和公园,让小汽车穿过重重障碍,像闪电麦昆一样跃上最高的广场。他在旁边开心地大笑。我的生活缺少的正是这样简单的快乐。这是他的游戏,也是他分享给我的生活道理。

再大一点儿,我带他去爬山。他还没有成长为足够坚强的男子汉。刚走了几步,就喊累,要人抱,赖着不走。即使用他最爱吃的水果引诱,也不为所动。最后,我蹲下来,告诉他。我想和他玩儿一个登山小勇士的游戏。前面有四关,第一关是穿越小树林,第二关是翻越小石坡,第三关是登上山顶,第四关是下山。只有通过这四关了才是登山小勇士。来,我们一起通关吧!小男

人为什么活着

孩儿都对游戏有莫大的兴趣，他也不例外。一听是玩儿游戏，他就来劲儿了。结果爬山时，他跑在了前头。碰到陡坡，手脚并用，屁股撅起，吭哧吭哧地往上爬。中间他踩在沉积的落叶上滑了一跤，瘪嘴要哭。这时我听到了鸟叫声，我嘘声让他听鸟。小鸟说了什么，小鸟说，你表现得真勇敢，只要爬起来，就能通过这一关的考验啦！你看，旁边的小草和小树都是你的朋友，你抓着它们，它们扶着你，像爸爸这样，在这些朋友的帮助下，很容易就能爬上去啦！那天，他凭着自己的勇气和毅力，独自爬上我都觉得有点儿累的山顶，然后拉着我的手走下了山。

　　这是我们的游戏，也是我的分享。生活并不需要说教，你参与就行了。也许等再长大一点儿，你就明白了，生活中没有怪兽，也没有恶魔，你需要打败的只是像爬山那样的一道道关卡。其实没什么大不了的，只要带着像玩儿游戏那样的乐观心态，花点儿心思，有点儿耐心，带着亲人和朋友的鼓励，去挑战面前的第一道关。如果没问题，下一关同样很容易。山顶也并不是那么高不可攀，走下来也并不是那么有心无力。我愿意陪着你去见证。通关的奖赏不在别处，就在你日益豁达的心胸、成熟的心智和成长的脚印上。

 人生最大的困难是自我局限

意识到要改变,是在上大三的时候,多次威胁要断他生活费的"后爸"终于兑现了他的诺言。从此,他必须自己去挣口粮。

穷人家的孩子早当家,对那些开朗的人来说,去做家教、兼职等解决生活困难都不是太难的问题。但这对一个有点儿自卑、内向的年轻人来说,心里有点儿忐忑,因为他从没试过强迫自己出去和别人说话。他想,既然没有退路了,那就闯吧!有一次,他在图书馆里发现有人拿了一本陈文灯的数学考研书,整个市面上都没有。他灵机一动,卖这本书好了。他迅速给出版社打电话,问这本书批发能给几折,出版社说可以给6.1折,那么自己可以卖7.1折,49元一本,每本赚4.9元。

他抱着几本书挨个敲宿舍门,在门口犹豫了半小时才进去,结果第一个宿舍大部分人都买了。因为他也曾考虑过准备考研,所以可以告诉他们必须用什么书,必须上什么培训班,有的放矢地卖书。在接下来的一个星期里,他逐个敲后面的宿舍,结果7天挣了4000元。

人为什么活着

　　第一次突破，他发现，原来改变自己并没有想象中的困难。以前，他都是低着头默默无闻地走过校园，现在抬起头来，在路上不断有人主动跟他打招呼。这种感觉真好。

　　更大的困难还在后面，毕业了，班里同学中，有门路的、有才华的或者是有背景的，都找到了不错的工作。他辗转好几个公司，不断地试用，最后终于在一家证券公司蛰身下来。对他来说，这算是一份理想的工作。至少，他可以每天经营自己的微博，和形形色色的人探讨自己对互联网趋势的分析。他独特的思考观点引来了不少人关注，包括一些证券公司的老总、互联网企业的巨头或者风头正劲的创业者都愿意在微博上跟他交流。

　　美中不足的是，公司的薪水不足以支撑他在北京高昂的生活成本。就拿房租来说吧，一年之内，就涨了三次。最后一次，房东直接涨了1500元。他一气之下，在微博上发了一条求收留的消息。这也不失为一种有创意的方式。他写在微博上的计划是：后天把房子退了，把行李放朋友家。每晚换一个朋友家的客厅，和他喝点儿酒聊聊天，这样既解决了睡觉问题，还增加了和朋友们的接触、增进了感情。

　　这本是一个异想天开的计划，没想到微博发出去的当天晚上，有四五十个人回复他了："来我这儿住吧。"这四五十个人里，最多有五个是见过的，另外有六七个是在微博上互相关注的，其余三四十个人，是以前没有见过的也没有关注过的。这些人中，有人要提供两个月，有人要提供几天，全部加起来已经一年了。

　　房子的事情就这样解决了，这事情还上了当天的晚报。

　　如果房子问题都可以这样解决，还有其他事情不能想办法解决的吗？他想创业，开个咖啡馆。当然困难重重，几百万启动资

人为什么活着

金从哪儿来？

因为微博，很多公司的CEO关注了他，不断有大佬与他陆续结识。于是，他试着扮演起了组织行业的沙龙聚会的角色。有一次，他组织了一个二十多人的聚会，结果定下的咖啡馆临时要收场地费，他灵机一动，咖啡馆或许可以这样开。

他把咖啡馆命名为"3W"。这个咖啡馆不仅仅是为了喝咖啡，更是为了让互联网圈子里的人有一个展示、聚会、培训、商务宴请的场所，当然踌躇满志的年轻人更愿意把这里看作找投资和贵人的地方，因为咖啡馆的每一个股东都会定期出现在这家店里。

他拿着创业计划书，邀请了微博上认识的一大批企业界、投资界的重要人士作为股东加盟，没有人拒绝，包括沈南鹏、徐小平、王啸、倪正东、许怡然等，雪球越滚越大，最后光股东就有一百多位。每人几万元就解决了启动资本的问题，更重要的是解决了咖啡馆客源从哪儿来的问题。

"3W"咖啡的这位发起人叫许单单。他创业成功了，和现在的年轻人交流，谈到在大城市生活的不易和创业的种种困难，许单单常常会告诉他们：你们走上社会的这些困难我都遇到过。如果说租房可以在微博上发出求收留解决，如果说创业可以借助一百多个股东的钱起家，那么，在我看来，人生最大的困难不是一穷二白，居无定所，职业无落，而是自我局限。认为生活改变不了，自己只有那点儿能量，家里没有背景，创业没有资金……你从来没有试过、畅想过生活的另一种可能，你从来没有突破过自己，打破过常人已有的思维，你能说，摆在你面前的都是困难吗？

遇见未知

小学一年级到六年级,我活动的范围一直局限于那个四面环山的小村庄。我对山外的眺望,就如外星人对宇宙空间的眺望一样,满脑子都是新奇的梦想。原始人对着一大片还未涉足的森林或许要问:"那是神秘的,诱人的,还是令人恐惧的?"山外的山,远方的远方,我面临着同样的叩问。当我第一次去镇中心时,独自一人走在尘土飞扬的公路上,我的脚步是凌乱的,心情是惶惑的、激动的。我的目光不停地搜寻着未知的人和物。正如哥伦布打量着脚下的新大陆。

那片未知的世界是我灵感的源泉,是我探索的起点,是我要超越的地方。这个世界是随我的脚步拓宽的。每向前一步,这个世界的秘密就向我透露一点儿,那些未知的人和物在我要抵达的前方向我招手。

当我第一次离家坐火车去上大学时,我就瞪大着眼睛望着窗外的万家灯火,想象着另一片光明和温馨。朦朦胧胧带着兴奋的幻想褪去了淡淡的乡愁。

 人为什么活着

当我第一次进图书馆时，我有一种坐拥书城的冲动。那同样是一片未知的世界，散发着一种诱惑的光芒。

在很多个未知面前，我不担心我的懵懂和无知，我只担心失去那种探索未知的激情和冲动。对一切事物熟视无睹或无动于衷，那样世界的大门将在我面前关闭，很多美好的景物将被错过。

经常从一条小路走过，熟识了路边的每一个标志，我的目光便再也不愿意在路边光顾了，想当然认为，熟悉的地方没有风景。一次，和一个朋友散步。朋友指着这条路说："你看它多美啊！"我顺着朋友的手指看去，发现路边的小草不知不觉地长出来了，花儿不知不觉地开了，树上有鸟在筑巢。原来在已知的世界里依然孕育着未知。

在熟识中发现变化，在已知中发现未知，在这个世界面前，多么需要一双孩子似的眼睛啊！

人为什么活着

# 如果你对生活微笑

有一天,腾讯北京分公司20层楼的保安换了,这种事情根本不会引起来来往往上班的任何一个人的注意。

但是,很快,公司里的同事发现这个保安有点儿特别。表面上看,这个前台保安身材瘦瘦的,保安服套在身上,甚至有点儿肥大,丝毫不起眼;但细看,这个小伙子真的不一样,他的身子挺得笔直,眼里有光,眼角有笑容,对每一个来往的人都很谦逊、热情地打招呼。

不到一个星期,他就能叫出这一层楼公司里所有人的名字。每天早上,他总是微笑着告诉对方:你是第几个到的。下班前,每个人匆匆而过,即使别人没有认真抬眼看他,他也会认真地带着微笑提醒:"明天从夜晚12点到凌晨3点会停电,请大家提前保存数据。""明天会变天,注意加衣服。""今天加班这么晚,回去好好休息……"

那些白领帅哥美女第一次听到保安这种热情洋溢的提醒,心里感觉怪怪的,有时候抬头看一眼,琢磨一下话背后的意思,想

人为什么活着

想那笑容是不是假的,带着什么目的呢?只是这么停留的一秒,没有任何交流,还是匆匆而过走向电梯间。可是,这个保安每一天的问候都如期到达,还很贴心、实用,渐渐有人相信了,那笑容不是假的,这保安小伙子是真的很热情,很阳光。于是,有人愿意停下来,跟他打个招呼。时间再多点儿,有人愿意跟他攀谈,说说工作生活中的小事情。如果都有空儿了,还有同样热情的人把这个保安当成朋友,邀请他一起打羽毛球,玩儿桌游。

　　腾讯研究院的一个负责人自己也不清楚是从什么时候注意这个小伙子的,可能是有一次,这个保安告诉爬楼上来的他:"每天,我都坚持走楼梯从1楼到20楼,这样对身体很有好处。但要注意一下,11层和12层的烟味儿比较重,不过9点以前其他楼层几乎没烟味儿。"这个负责人很惊讶,爬楼锻炼身体也就是这几天心血来潮的事情,这个小伙子怎么就注意到了呢?

　　一来二去,大家都跟这个保安熟了,知道了他的名字叫段小磊,24岁,知道他毕业于洛阳师范学院,和很多怀有梦想的年轻人一样,揣着对互联网工作的满腔热情到北京闯荡。尽管拥有计算机和工商管理的双学士学位,但对一个既无工作经验又不是名牌院校毕业的年轻人,想要在北京找份理想的工作却是难上加难。在经历了多次碰壁之后,段小磊毫不气馁,想出了一个实现梦想的"曲线救国"方案——去IT公司当保安。这样不仅能解决生存问题,也能使自己离梦想更近。

　　于是,段小磊就成了腾讯公司的前台保安——一个同事们都很熟悉的朋友。尽管做着保安,但他很踏实,在身边散发光和热,梦想也没有丢弃。工程师朋友们发现,这个保安很爱学习,工作之余,喜欢看一些计算机方面的书,遇到不懂的问题经常向大家请教,还会参与技术方面的讨论。终于机会来临的时候,这

人为什么活着

个始终微笑着的小伙子拿到了通行券。2012年2月，腾讯研究院急需一批外聘员工从事基础性的数据整理工作。这项工作专业性不是很强，只要求员工熟练操作电脑，对数据敏感，有责任心即可。负责人马上就想到了身上带着温暖阳光同时追求上进的段小磊，这名负责人问他："你想不想来帮我们？"几天后，段小磊正式辞了保安的工作，经过一系列的面试，顺利晋级，入职腾讯研究院。

现在，段小磊在20楼有了新的岗位。他在桌子上放着自己养的花，还贴了各式各样的小纸条，纸条上写满了每天要做的事，时刻提醒自己："感恩，对生活微笑，我会的东西还很少，还要继续学习。"

段小磊的华丽转身故事经腾讯公司证实，微博传播后，被网友们称为"2012最励志保安"。在一场名为"提问励志哥"的微访谈中，一名网友问他，华丽转身背后的窍门儿或关键点是什么？段小磊说：当你对别人微笑的时候，别人也许并不对你微笑。那么，请继续对他微笑。也许前99次面对的都是对方的冷漠，第100次面对的就是对方的微笑了。对梦想亦如是，站在再卑微的岗位上也不要心灰意冷，放弃最初的梦想。如果你对生活始终保持微笑，尽全力对待当下的工作，温暖别人的同时不断学习别人，终有一天你会发现，现实在你100次微笑之后不会再冷漠，生活也会回报你微笑。即使，结果不是当初所想的，你也可以借此走得更远。

走在拥挤的路上

作家刘继荣写过一篇文章《坐在路边鼓掌的人》。文中，女儿对妈妈轻轻地说："妈妈，我不想成为英雄，我想成为坐在路边鼓掌的人。"因此，妈妈被打动了，做个平凡的人，未尝不是幸福。这世间有多少人，年少时渴望成为英雄，最终却成了烟火红尘里的平凡人。如果健康，如果快乐，如果没有违背自己的心意，我们的孩子，又何妨做一个善良的普通人。

但在现实生活中，有多少父母对孩子、有多少人对于自己的要求是这样朴素简单，只是成为一个坐在路边鼓掌的人呢？功成名就、衣锦还乡、成王败寇始终是我们这个社会单向度的评价标准和主流的生活方式。不公、不均的社会事件导致的不安全感，让人觉得名声、名望、名气的保障未尝不是一道护身符，即使它是虚幻的。

人为什么活着

2

个人奋斗很可嘉，实现自我很诱人，名利滋味儿很甜美。但一个社会结构中，成功人士不过1%，并且离不开长期实干和机遇。平凡如你我，注定是塔基的一群，如果都要走在成名成家这条拥挤的路上，面对的必是千军万马的独木桥，华山的一条险道。

对一部分人来说，名声和名利是高悬在树上的果子，必须拼尽全力，踮起脚尖才能摘到，于是他们会被生活的潮流裹挟，早早地把梦想给了房子、车子、钞票等能及时变现的东西，像一个俗世的饺子，翻滚在红尘中。他们崇拜速度——出名趁早、赚钱趁早、买房趁早、升职趁早。他们追求一些有实际效用的具体目标，没有耐心去等待事物的成熟，即使精神生活也必须服务于这种速度的快乐，追求速度、追求流行成了标准。这是芸芸众生拥挤在路上的状态。

还有一部分人，渴望成名，乃至成瘾。生怕一生庸庸碌碌，默默无闻，于是削尖脑袋，使尽浑身解数，苦苦以求出名，哪怕是臭名，只要有利可图就行。这是功利主义左右和主宰的路径。论财富，希望一夜暴富，跻身富豪；论成功，不择手段地获得金钱、权力、名气、地位，就认为是成功；论幸福，幻想拥有了财富，拥有了富裕的生活，就好像靠近了幸福"天堂"。于是生活中的怪象屡见不鲜：娱乐界，有人一脱成名了；学术界，有人一抄成家了；商界，有人制假贩毒致富了……成名的速度，在媒介的铺陈轰炸下，在水军和枪手的分工合作下，在眼球经济时代，从来没有像今天这样便捷和低成本、高收益。

人为什么活着

　　这个时代的年轻人也比任何一个时代的年轻人都要焦灼，还在校园里的时候，所有的名人书籍、讲座都告诉我们，别做无用之事，要快快奔跑，要早早立下志向，结交贵人。很多年轻人"十八岁开始苍老"，想要立即像三四十岁的人那样，车房不缺，事业成功。野心更大一点儿，要一举成名天下知，要夜夜抱得美人归，要塑造历史的进程。毕业了，当你发现自己还是"屌丝"一枚，还在某个大城市漂着，而身边的人在以光速结婚、生子、升官、发财，走得好快，人生的天平更加失衡了。青年人的选择就如整个国家急功近利的写照，"先污染后治理"，先成功后成长，先找工作再找兴趣，先出人头地再寻找自我。到头来才发现，自己在工作岗位上迷失了，在生活的富足中困惑了。

　　当然，我身边也不乏这样的小部分"异类"。他们始终把梦想给了内心，给了爱情，给了远方，能走多远走多远，让梦想离内心最近。他们走出了一条宽敞的"窄路"，对他们来说，名和利只是生活的附属品。

3

　　2012年4月6日，远在大洋彼岸的王庆根选择了永远离去。作为江苏省首位化学奥赛的金牌得主、海安中学一直树立的标杆式人物，他的自杀引发了无数人的扼腕、失意和感伤。

　　当所有人在关注你飞得高不高时，有谁关注到你飞得累不累？飞出的轨迹是不是自己想要的？如果评价生活精彩程度的只有走向财富、名望和权力成功的一种主流方式，这样的社会里，年轻人能不乏味郁闷吗？

　　在微博上，有人转了这样一个故事：有一个叫伊恩·厄舍的

人为什么活着

英国男子，原本是一个水上摩托艇教练，婚姻不顺利令他十分绝望，离婚后他在ebay网上拍卖自己所有家当的页面上写下："我已经过够了自己的人生。"

此后，他决定重新开始，带着一笔钱、一张护照和一张写有100个人生目标的清单，他开始了实现心愿的旅程。4年过后，他几乎完成了清单上的所有目标，到过几十个国家，学会了驾驶飞机，曾与公牛赛跑，在大白鲨身边潜水，攀登喜马拉雅山，还在好莱坞电影里扮演了一个角色。

后来，当他快要花完自己的积蓄时，在巴拿马沿海买下了一座面积2.2公顷的小岛，岛上有热带雨林和黄金海滩，他正建造自己的住宅，希望与新女友开启新的生活。厄舍将两年里的丰富经历记录在博客上，成为著名博主，还出版了一本书讲述他自己的故事。据悉，迪士尼公司正与他联系，希望买下他的故事版权。

这是对我很有启发的一个故事。我们大部分人只活出了伊恩·厄舍的前半生。也许生活本来就是这样，对于生活，每个人最初都有很多修饰语的，比如温暖而诗意地生活着，孜孜以求，比如有很多梦想，并相信终能成真。但在行走的路上，疲惫不堪或者所谓的成长，世俗成功的定义，将那些修饰语逐渐磨损掉了。

为什么非得像伊恩·厄舍一样，只有在山穷水尽之处，才能开启另一种不同的人生呢？其实每个人心中都有那么一张心愿清单，想要这样的生活，并没有我们想象中的那么困难。只是，我们被生活的表象迷惑住了，以为只有某一种流行的生活轨迹，才是最体面、最安全、最亮丽的。单调的人生就是这样创造出来的，被表象所封闭，生活在表面，平行、粗糙，没有折射线，一

人为什么活着

旦从高处滑落，就很难有回弹力。开放的人生在时时寻找不同，也鼓励尝试不同，这种不同是符合自己心性的道路，每一个人都能找到适合自己的不同的出口。这样的生活才像真的钻石，具有多面性和多样性，立体、丰富，对着阳光，无论转向哪一面，都能折射出精彩！

人为什么活着

多年不见

在冗长的岁月里，谁没有几个当初？

当初，她是酒吧里的流浪歌手，每到一个城市，她一开口，必成传奇。从小，她就习惯了别人被自己的歌声震惊。正是年轻气盛的时候呀，正因为天赋太好，她掩不住锋芒，目中无人，言语尖刻，急性子，暴脾气，情绪不稳定，跟周围的人格格不入。不喜欢的场子，不去；不合趣味的歌词曲子，不唱。除了少数几个惺惺相惜的朋友，在不知不觉中，她已经在行动和言语中得罪过许多为她鞍前马后跑腿儿或铺路的人。

在没有赢得超强的名声之前，和世界对立的结果就是，你不在乎别人，你不去关心别人，别人也不会关心你，因为你的眼里只有你自己。高傲的姿态、不恰当的话不仅伤害到别人，其实也伤害到自己，有多少次电视台的春节晚会，有多少不如她的歌手，因为人缘好，被举荐去，一首歌唱红大江南北。歌坛上，长江后浪推前浪，各领风骚没几年。你错过某班车，就会被潮流覆盖，直至淹没，悄然无声。

人为什么活着

朋友们都惋惜,多有天分的一个人,就是不能红。甚至自甘沉寂,逢年过节给她发的短信,她从来没有回过。此后,大多数朋友也跟她失去了联系。

20年过后,她刚在朋友间一露面,就被拉去参加一个《我是歌手》的节目,潮流的口味又变了,不仅限于选新秀,还要怀旧,老歌手翻新篇。当时,她一百个不愿意。20年过去了,人已经老,珠已经黄,何必再凑这个热闹。但在朋友的劝说下,她还是去了。就算对朋友相知相守的一个答谢,也得去吧。这么多年过去,她改变的是性情,懂得了人情练达,对人无比热情,上台前,对工作人员彬彬有礼,给相识的老朋友一个热烈的拥抱。朋友们惊讶,在青春最好的韶光,都是不可能见到的啊!

她慢慢走向舞台中心,微笑,站定,淡定地吐出几个字:"我是歌手黄绮珊,多年不见。"

多年不见啊,台上台下的都是大红大紫了的老朋友。但她一展歌喉,人们还是震惊了。汪峰说她近乎完美,那英说要为她转身,羽泉说她的歌声比以前更自信,更完美,起承转合,交代得那么清楚,每一个音都能把你打动。

那些朋友问:"多年不见,你还好吗?"多么俗套的一个提问。有天分的人,常常耐不住寂寞,20年中,有多少同行,有的吸毒成瘾,有的改行做生意,有的远走他乡为人妇。她呢,依然单身,依然练歌,还在新加坡报了一个大学修炼自己,更重要的是懂得了怎样恰如其分地让别人接受自己的天赋,而不被天才的锋芒所刺伤。终于,此刻,可以告慰朋友们的那声问候,没有辜负多年不见的那段时光。

就像青涩时期里那段不欢而散的恋爱,以后的人生里本不

想再见,却偶然见了。忽有歉意,问,多年不见,你还好吗?想必都不差,他已经成熟、稳重、风趣,她更加美丽、优雅、大方,更重要的是,各自找到了恰如其分的幸福。原来,成就当初那段缺陷的不是靠彼此的成全,而是多年不见,时光里的独自修炼。

人为什么活着

大地上的读书人

　　有人说，读书最好的年龄是十五六岁，那时精力旺盛，记忆力好。但在最好的读书年龄，我却没有书。我生活的村庄离县城的新华书店有几十公里，出山不容易，再说家里也没有钱给我买书。

　　我所能读到的书，都是哥哥从家境好些的朋友、同学那儿搜罗来的，借期往往只有三四天，看完即还。借到的书也非常杂，《西游记》的连环画、金庸和古龙的武侠、三毛的小说、《今古传奇》杂志、郑渊洁的童话……

　　正因为借书不容易，书在手里的时间那么短，我不得不抓紧分秒时间读完。假期在家里帮忙做农活的时候，书随身带在身上，挑一担谷或柴草，中途歇息时就摸出来看几页，等一担谷或柴草进家门时，天可能就黑了。因此，我只能做个书呆子，永远成不了庄稼地里的一把好手。

　　上中学是在十几里外的镇上，每天赶早走路去，到得教室，满头大汗。待到放学，出了校门，心就像出笼的鸟飞了。同学们

 人为什么活着

三三两两走在一块叽叽喳喳，我故意落在后面，独自走，图的是个清静，能够摸出书来看。大地之上没有书桌，没有书房，只有无限的风景。我捏着写满方块字的纸缓缓走在山间的公路上，心情随字里行间的故事一路铺陈。看累了，就眺望一下镶着金彩的云边，落日远远地挂在连绵起伏的山头。书中的某个情节或某个字句激发了我的想象，让我忍不住想奔跑，想歌唱，或者索性找个尚有斜阳照射的山头，坐下来，将故事中未解的结局看完。天，往往就在这时候不知不觉地黑下来了，书上的字渐渐模糊，终于看不见了。这时候，才感觉到山风吹来的夜幕开启的凉意，旁边树影重重，坟地时隐时现的恐怖，林间鸟儿飞腾的归意，还有远处村庄亮起一两盏灯的回家的召唤，这时，才不得不拔足往家狂奔。

　　这样的阅读方式叫走读，少年时代的书都是在路上边走边读完的。这样的姿态在乡村格格不入，村里的人常常会在路上看到这样一个奇怪的孩子，眼睛勾在书上，走走停停，脸上的表情也很复杂，有时候是微笑，有时候是惋惜，有时候是皱着眉头。村里的熟人经过，他基本上看不到，也不打招呼，人家喊他一声，他浑然不觉，直到走远了，才醒过神来"嗯"了一声应答。但总归是没礼貌吧！直到今天，回乡的时候，还有人用寥寥的几句笑语替我勾画出那个少年书呆子的形象。他们已经不怪我当年的没礼貌了，只是拍下我的肩膀，赞叹我当年的苦读精神。

　　苦吗？我怎么毫不觉得。在物质最贫乏的时候，在精神极度困窘的时候，走在荒芜的山间路上，有一本书在你面前打开，有不同世界的人和你做伴、对话，丰富你的人生和阅历，是一件多么甜蜜的事情。少年时代的书虽然不是在温暖的书房、舒适的书桌旁读完的，而是在田间山头、在匆匆的脚步度量中读完的，书

人为什么活着

上的每一个字句都跳跃着进入视线，但因此更加带着热腾腾的气息，可以拿到生活中掂量，可以在天地草木间寻找注解，可以以最强劲的频率和心灵发生共振。

几年前的一个假期，我去了宜宾一个叫李庄的小镇，它依偎在长江边。风景是乡村式的，恬静，可以平淡相处，一如我少年成长时的那个村庄。一大群白鸭在池塘里自由自在地凫水，觅食，抖翅膀，嘎嘎乱叫；再向远，是浓浓淡淡迤迤逦逦的一道道山岭、一朵朵白云……

其实这是一个有故事的小镇，20世纪在抗战的硝烟中，中国许多地方再也不适合读书做学问了。无数的文化单位开始西迁，迁向内地，迁向中国的腹地，迁向有深山大河屏障的僻远城乡。北大文科所、同济大学的学子们，还有一大批赫赫有名的读书人如傅斯年、李济、董作宾、金岳霖、梁思成、林徽因等，选择了这个贫穷而偏僻的小镇蜗居、做学问，保存学术的薪火。

读书苦吗？毫无疑问，在这样的环境中，居住和吃饭都是大问题，读书人都寄居于庙宇、祠堂、农舍、仓库，潮湿、带有硫黄味的空气，缺医少药，很多纤弱的文人因此染上沉疴。最要命的是，没有书，没有实验器材。唯一带有存书的机构是当时的中央研究院史语所，依附于此的读书人才稍得以慰藉。但是，要到这个读书的地方极不容易，我曾经在李庄镇外寻索着，穿过一大段弯弯曲曲的田埂，还有一片树林，然后爬五百多个台阶，才找到山峰顶部的一个山庄，这是当年的史语所办公遗址，现在已改为学校。

就是在这样的山路上走着的时候，我突然找到了少年时读书的心境。不同时代的读书人，都是在大地上读书，天当幕，地当席，人立天地间，携一卷书，与千年的精神脉络相守。外面的

 人为什么活着

风雨、杂音、困苦都化成了这一画面的背景，渐渐消隐，而在书间、在人间印证过的心灵之音却渐次成为主角。

这样的生活苦吗？我翻遍那个时代的读书人在李庄留下的文字，看到的只有读书、研究、做学问的丰满记忆，更多的是对国运、天下事的远视，而物质上的困苦却不见于纸间笔头。如果可以穿越，我说不定能看到这一幕：在如豆的煤油灯下，考古学家董作宾躬身简陋的斗室，手写考古史上开天辟地的皇皇巨著《殷历谱》，每写一句，三搁其笔，往返于古籍和甲骨文标本之间，核对求证；同济大学的生物学家童第周和夫人、儿女以及学生，携带大盆小盆，兴致勃勃地到野外捕捉青蛙并收集蛙卵做实验。在李庄的田野沟渠间，人跑蛙跳，你追我赶，泥水四溅；中国营造社的梁思成兴致勃勃地画下李庄东岳庙的建筑构式图，旁边是同济大学学子的琅琅读书声……

在每一个时代，在每一个具体的境遇中，肯定有比读书更好的选择。在我十五六岁时的那个山村，做个农田里的好把式或者走街串巷的货郎，都比埋首于"无用之书"中更能赢得大人的喝彩。在彼时的李庄，外面的世界很喧哗，有人做了高官，有人发了国难财，也有读书人因此眼红，放弃寒酸清贫寂寞的书桌，奔向豪门之间。剩下的那一群读书人依然面带菜色走在大地上，孜孜埋首于卷册笔墨之间，自得其乐。有人笑他们是"书呆子"，也有人赞他们是"麦田里的守望者"，但都是书外之音、身外之影，像悠悠白云一样，从头顶上飘过去了。

人为什么活着

 毕业季，读书季

记得大四的时候，我曾经有一个星期不见同学某某了，无论在宿舍，还是在教室。据说他天天赶招聘会的场子，前天在南京，昨天又到上海，今天突然出现在我的面前，像玩儿魔术一样，手里攥着一把火车票，盖着各个城市的风尘印戳。这位老兄以前也跟我一样，喜欢看书、写字，用文字温暖的外壳充饥，以书为媒，穷究格物致知之理。所看之书，不外乎《庄子》《论语》《史记》《卡拉马佐夫兄弟》《三个火枪手》等，忠实执行他自拟的读书公式：名著+经典+精神食粮。现在，公式被他推翻，就像用涂改液抹去一些错字，昨天的话语就此消失；也像推开一扇旋转的门，毕业前后的两个我就此分开。他现在不读书，只看报，而且只看招聘信息的报纸。

我仍在案头看我的《文心雕龙》。他作惊讶之状："都大四了，你真有定力！"是赞赏，是责备，还是鞭策？我摸不着头脑，懒得去想。

大四是个怎样的季节？我从黄昏下的校园走过。枯卷的落叶

人为什么活着

依旧静美，而更年轻的脸庞洋溢着五彩缤纷的梦想。有人在树荫儿的深处摸索爱情……这是个美丽的季节吧？考研的人们，拿着资料进出于各种辅导班，找工作的同学天女散花般地投放简历。他们就像一群忙忙碌碌的小动物，精力并不因卡路里的燃烧而减少。这又是一个躁动的季节，像饮着一杯失落与希望交织、迷惘与坚定混合、现实与梦想并行的鸡尾酒，年轻的眸子微呈醉态，步履匆促。

毕业的列车在五个月后开出，这个季节不宜读书，没有时间读书，没有心情读书。平心静气读书的人是孤独的，而孤独的人不一定是可耻的，但一定是傻帽儿的。很久前就有人说过。

我的那位书友，在四周前已经将所有的专业书和课外书卖光，结果在上课时和睡觉前落入无书可读的境地。因此，他和我到图书馆借书。他第一次借了本大部头的《战争与和平》，一页没看又还回去了，因为静不下心来看书。第二次借了几本管理学、法律学方面的书，但只翻了序言，就还回去了。第三次借了《求职技巧100问》《如何建立你的人脉》等书后，终于如饥似渴地读完。他赶紧换服装，换体态，换面孔，焕然一新，赶去北京的一家文化传播公司应聘。走出考场大门的那一刻，隐约听到考官在背后小声评价："技多而近似伪！"顿时从头到脚，凉到冰点。

书友问，如果说整个生活长河中，书是人类进步的阶梯，但如果在大四，书还有什么帮助呢？它是一个若即若离的工具，若有若无的朋友，可能帮助你，可能相反。它浪费你的时间，耗费你的精力，至多让你成熟得像"技多而近似伪"。于是书友干脆舍弃，即使读书已经成为一个习惯，也要舍弃。毕业的钟声像一记重锤，在你转身的刹那，敲击你默认形成的轨道，留下一片震

荡，一地碎片，看不清楚，拾不起来。

　　而我至今仍未舍弃，是因为头枕一片书香，才能安然入睡。同时还有对环境变化反应的迟缓和愚笨，难以改变。我一直固执地认为，一个轻易改变自己习惯和喜好的人，他的内心可能正在经受一场杂乱的风暴，可能，他是软弱的。我记得一年前在一家报社实习时，一位总编告诉我，在招聘应届毕业生的时候，他必问的一个问题是："毕业前两个月，你都读了什么书？"如果你碰到这样的考官，作为一个读书人，你会不会感到害怕？

"YES"的背后是"NO"

汪涵当主持人刚出道的那几年，有几招儿特好使，收获掌声不断。一是活力四射，什么事都可以豁出去，在舞台上打滚，男扮女装，演老头儿、老太，恶搞。二是停不下来，人像被掏空了一样，一上场，嘴往那儿一放，就说话，都不知道自己说什么，套词、水话一大堆。这样就不会冷场，导演希望你这样控制场子，观众图的也是那么点儿热闹。

可是30岁以后，汪涵觉得这样的套路越来越用得心虚，说过的话都不能回想，一琢磨，台上观众的掌声说不定就变成了臭鸡蛋。站在台上，你看到观众团的席位上举着的牌子都是"YES"，但偶尔坐到台下换个角度去看，背面都是"NO"。也许这才是真实的现场反应，只是在台上，观众给你个面子，让你逗着乐乐，如果你端给观众的餐点永远是水货，那么终有一天，背后的"NO"就被翻出来了。正是在这种诚惶诚恐的心态中，汪涵开始转变主持的风格，让台词不再像羽毛，说出口的那一刻就轻飘飘地飞走，而是像《黑骇客帝国》中的子弹，停滞、

人为什么活着

推进,游刃有余,击中观众的心。因此,他与观众的互动不再是不停地逗乐,填充废话,使观众无暇回过神来思考,而是适时沉默,循势而动,语言上画龙点睛,留足余味,让观众去期待。

有一次,汪涵主持《天天向上》,录制现场,一位女嘉宾上场,斜上方的灯燃了,喷出火花,虽然不大,也轻微灼伤了一位嘉宾。燃爆的刹那,旁边的几位主持都闪开了,汪涵没动,他淡定地对灼伤的嘉宾说:"你肯定会火!"台上台下哈哈一笑,化解了尴尬的情绪。连长沙的出租车司机都会说,汪涵比以前成熟了。

有时候阻碍一个人前进的,恰恰是暂时热闹的掌声和喝彩,是从高台上看下去正面那个永远符合场景需求的"YES",如果你迎合,满足于此,那么你就停留在浅浅的沙层上,甚至被醒过神来的观众抛弃。而最后能够挖掘到深处的甘泉的,是换位思考,放下身段,有心绕到背后去看"NO"的人。他们不被表面的赞扬所迷惑、所停顿,而是时时思考,时时追问,查漏补缺,修正提升自己。然后你会发现,士别三日,当刮目相看。

# 月光照不亮沥青路

一个幽暗的傍晚,我独自来到森林公园,看见一个小女孩儿拉着母亲的手,惊喜地说:"妈妈,你看,一棵树紧跟着另一棵树。"这句话让我愣在那里,想了半天:这种温暖而诗意地看世界的眼光,小时候谁没有过啊!但什么时候这种眼光退化了,消失了,所有的树看上去只是"东边一棵树,西边一棵树"了呢?都成了与己无关的植物了呢?

对于生活,每个人最初都有很多修饰语的,比如温暖而诗意地生活着,孜孜以求,比如有很多梦想,并相信终能成真。但在行走的路上,疲惫不堪或者所谓的成长,将那些修饰语逐渐磨损掉了。散文家刘亮程说,生活是一个不断添置、丢失、损坏、再更换的过程,像一把卷刃的镰刀扔在荒草间,其间可能有一把磨秃的扫帚,慢慢地,什么情绪都扫不起来。

肉体的磨损能看得见,精神的磨损却是隐秘的。高频率的生活节奏磨损健康,单调的工作磨损激情,恶意冷漠的目光磨损善良,突如其来的打击磨损信心……许多丰富生动的事情因我们的

人为什么活着

平庸乏味,也变得平庸乏味。与身体磨损不同,精神的磨损也是不自觉的,就像我们知道:有时候电视节目乏味透顶,但人们还是窝在沙发或者椅子上,不停地变换频道,打着哈欠寻找乐趣;有时候时尚生活就是集体作秀,但人们还是不停地模仿穿扮,并在镜子前自鸣得意……就这样,跟着人流挤公交车、上地铁、过马路,然后大家进各自不同的小格子里工作。生活变成惯性,没有激动,没有痛苦。真正的诗意,在我们求索的过程中已经隐身于喧嚣的话语和人群挤压的空间下,潜游而不见。

报人董桥曾说,月光照不亮沥青路。那是因为,月亮的柔光,只有在铺满白色卵石的小径上才能反射出来。人生大部分旅途是沥青路,粗粝,普通,时有颠簸起伏,甚至残缺。这是我们必须面对的现实,尽管冷酷,却真实可亲。

月光照不见脚下的沥青路,但可以直接照透心中的柔软。我们不是以别人的目光为杠杆,而是以心灵的善;不是以纯粹的物质为衡器,而是以内心感受;不是以机械的数字为准绳,而是以"天人合一";不是以目的的速达为乐趣,而是以过程的回味……这样生活着,可葆有童年那份温暖和诗意的情趣目光,摆脱生活的平庸乏味。心中有光,周身有爱,人生的沥青路会提升出另一种诗意。

几米的漫画,就是从都市生活中提炼出诗意,提炼出一纸月光,慢慢照亮你迷惘的心。病前的几米也画漫画插图,但那时他不过是在赚钱谋生,漫画人物也只是木偶和道具。职业并不能让他感到快乐。因为突如其来的一场大病,几米触摸到了生之脆弱,涌起生之留恋和释放性情的思考。朝夕相伴的小人物在他笔下复活了,在心中悄悄地开出花来,照亮了他病榻中的世界,并成就了后来畅销不衰的《照相本子》。记得其中一幅漫画：那个忧郁天真的孩子提着一盏明亮的灯笼，走在黑暗的路上，照亮了花儿、草儿、大眼睛的小动物，照亮了忙碌都市人心中被遗忘的角落。

多少人忘了在高楼大厦里仰望月空？在追逐名利的时候从不曾问内心真正的需要？只有那片纯净的月光，能给你诗意的滋养，给你爱和温暖，告诉你人生的子夜可以多么高洁澄净。

在月光照不亮的沥青路上，诗人和孩子依然幸福地走着，他们让我羡慕。

 月光下的遇见

城内一个房地产商隔着一条马路开发了两个小区,一个叫日光广场,一个叫月光广场。仅仅是因为名字的不同,后者卖得就是比前者好。想必,一字之差,给人的联想就不同。

日光虽不可缺,但总是显得过于直接,过于热情了。作家迟子建在一篇写月亮的文章中,谈到太阳和月亮的对比,太阳永远是圆圆的脸,没心没肺地笑。它热情过分了,弄得天下大旱,农人们就嫌它不体恤人。月亮呢,它修行有道,该圆时圆,该亏时亏。

少年时,在夜间一个人走乡间小路,陪伴我的只有头上的一轮清月。我走,它也走。我快,它也快。我慢下来,它也慢下来。我穿过一片浓密的树林,它藏到树下去了,有林鸟在凄婉地叫,旁边森森的黑影正让我害怕着,抬头望,那个清朗的圆盘突然就从对面的山头上露出来,透过偶尔稀疏的树丫瞟我一眼。我觉得那目光真像母亲安详慈蔼的眼睛,让我找到了自己的胆气,脚下就不虚了。

 **人为什么活着**

　　月的气质是淡雅恬静的，它离人似远似近，罩着一层朦胧的光辉，月光下的一切，影影绰绰，看不分明。它像一位神奇的布景师，将白昼的一切神秘和诗意化。在这样介于黎明和黑夜之间，半睡半醒的舞台中，人们看待世界的眼光突然柔和下来，身边的一切都是那么美，心灵深处的善和美最容易在这样的心境下激发出来。

　　良辰美景，诗人在花间独饮，举杯邀明月，对影成三人，他对月遣怀，他的孤独可有谁能懂？旁边一朵花在独自吐着清香，诗人已经分不出是花香还是酒香，就像月光下那个凌乱的影子，他已经分不清是真身，还是灵魂出窍的另一个自己。

　　你是否也曾有过这种感觉？

　　白天，你被忙忙碌碌的人事扰得心烦意乱，疲惫不堪，在工作的格子间，你不得不绷紧了心弦，戴上微笑的面具，小心翼翼地揣摩对面飞来语词背后的心思。还有，你要加班，大把的时间对着液晶显示器的光源。交完工作，挨过不大不小的批评，终于，可以拾掇一切回家了。在路上，你垂头丧气，甚至感觉明天就是末日。从地铁站走出来，你突然有点儿愣住了。温度不高不低，天气不冬不春，空气清新，月光明亮。行人很少，有一些车从远处驶过，听不到什么声音，周边那么安静。只有似乎刚解冻河水的腥臭味儿，软软地触到鼻尖。月亮是自由的，在它的抚摸下，你感觉有一个从未发现的自己从被束缚的躯壳里被释放出来。一时间只觉得，什么都不太晚，人生还来得及，仿佛一切都可以重新开始。

　　两年前的一个夏天，好友精疲力竭地忙完一个商业项目，驱车和我一起到皖西大别山深处的一个山庄度假。进山的路像羊肠小道，并且不止十八弯，只有自驾游的人才知道深山里面有这样

一个山庄。一路开得好辛苦。吃完晚饭，洗漱过后，才有时间走出去散步。

此时，半个清爽的月亮正挂在山腰，山风从耳边习习吹过，送来花的香味儿，虫子的欢鸣，幻觉中，似乎还能听到露水从草间滚落到大地上的声音。天地之间有大美而不言，这个时刻，谁也不想说话，怕一开口就破坏了这一月色下草木邀请入梦的诚意。我们在月光下徘徊良久。第二天，朋友说，心像清水一样浸过了。感觉有另一个真实的自己冒出来告诉他，过去的生活不对，将大把的时光浪费在车轮和酒桌上是多么可耻，为什么不能腾出一点儿时间读读书，在月下走走，面对心灵？为什么不能抽出一部分时间多陪陪孩子家人，为爱过活？为什么不能过自己独立想要的生活，而不是一个劲儿地和别人比车比房比孩子？过于为钱奔波是对自由生活的亵渎，人其实没有必要为了过多的欲望虐待自己。

回去后，朋友推掉了很多可有可无的酒局和邀请，暑假带着孩子在大理租了一套民房。白天上网花几个小时处理完远程的事务，接下来就是带孩子种花、养草、念诗、徒步。旁边是洱海，晚上推开窗，一轮明月从海上升起来，他牵着孩子的手说："月亮来去多自由啊，走，我们出去走走，跟着月亮的脚步走！"

人为什么活着

 放下

小时候，去山上拾柴火。村里人都靠这个过冬，山上的柴火都被拾得差不多了，我并没有多少收获。倒是在回来的路上，发现了一根大木桩，心中一喜，正想收入肩上的筐中。旁边有个声音扑面而来："放下！"有人说是他特意把木桩放在这儿晒干的。既然如此，我就放下，"物归原主"。你放下了，喊声就停息了，争执就停止了。有什么办法能让这个世界安静下来呢？没有他途，只有做出"我放下了"这个举动。至此，踩过的草地没有压痕，午后的阳光波澜不惊。

放下原本属于别人的东西，尚不太难。如果要你放下曾经有过的记忆，把过去了的都交给时间和空间呢？比如，有一天，当你再次面对你过往的难堪、你恼怒憎恨的人，心如止水，不再起心动念，坦然面对，一笑了之。即便别人在你面前，复述你过往种种不幸时，你仿佛是在听别人的故事，心里一丝涟漪都没有泛起。你能做到吗？

恐怕不太容易。"死去元知万事空，但悲不见九州同。"爱

 人为什么活着

国诗人至死都放不下山河破碎的遗憾。"东风恶,欢情薄,一怀愁绪,几年离索。错,错,错!"有情人成不了眷属,一生都在悔恨当初的"错错错"。

在《王之盛宴》的剧情中,刘邦先入关中,进了阿房宫,一夜享尽声色犬马,原本只是一个灭秦的朴素想法,变成了"王侯将相,宁有种乎"的野心,像翻滚的云浪,像汹涌的潮水一样膨胀。是夜,项羽四十万大军压境,山雨欲来风满楼。刘邦不得不选择放下,在鸿门宴上,在刀光剑影中,诚惶诚恐将秦皇玉玺献给项羽,表明臣服之心。项羽问的话只有一句:"你进过秦皇宫没有?"进过了,人心的贪欲占有之门必然打开了。没进过,那好,待我一把火烧了阿房宫,然后分封诸侯。秦皇宫没了,大家总该都放下了欲望之心,不争执了吧?

项羽真是一个理想主义者,人心享受过了的东西,哪能那么容易放下,即使秦皇宫被烧了,我也可以重建一个啊。历史真是一个嘲讽者,那个天真的西楚霸王最后陷于四面楚歌,自刎于垓下之围。那个不愿放下的泗水亭长反而利用了人心,聚成大势,开创一个王朝。你说公平吗?

其实也很公平。成就了帝王之业,却没有了当初兄弟之间起于草莽,大块吃肉,大碗喝酒,生死相随的美好,得到了醉生梦死的东西那又如何?有一个悠悠的声音说,他人生的转折点是鸿门宴,但看他晚年的莫名惊恐,患得患失,精心设局,飞鸟尽,良弓藏,狡兔死,走狗烹,一生都是鸿门宴哪。

那些放下了的人,倒乐得做个当下的过客,冷眼旁观,看历史的潮起潮落,看天空的云卷云舒。世间更多的其实是放不下的人,故有那么多伤心催肠、欲生欲死、悲欢离合的剧目上演。

人为什么活着

 守拙

采访时认识两个做生意的朋友，一个一看就是做事倍儿清的人精，脑筋转得快，经营的思路也很灵活取巧，但就是换行业比较勤奋，哪儿赚钱快就往哪儿钻；还有一个表面上看上去很木讷、沉稳，待人接物比较老实巴交的，做事一板一眼，一直做着家族传下来的老行当，但不断寻求一些新工艺、新营销路子。

在常人看来，前者肯定更适合做生意。但今天再有机会和他们相聚，发现反而是后者在几年内做成了一个七八千万的大企业，行业口碑也非常好，而前者虽然赚了些钱，生意领域换了好几个，但始终无法发展壮大。

后来研究一些成名的大家，发现这些人先天资质并不如我们想象中的那么聪明、精明或者说是英明，他们在学校时的成绩很多是中等偏下，才艺也不出众，但都有一个共性，认准了值得去做的事，就不会绕弯子，走捷径，总是按一种看似笨拙实则踏实的方式去做。涓滴积累，水滴石穿，终成功效。

这和曾国藩一生奉守的"守拙"精神倒是十分契合。

人为什么活着

曾国藩创建湘军时，选拔将领，专挑不善言辞的"乡气"之人，盖因其敦实淳朴，少浮滑之气。他甚至讨厌那些"善说话"的人："将领之浮滑者，一遇危险之际，其神情之飞动，足以摇惑军心；其言语之圆滑，足以淆乱是非，故楚军历不喜用善说话之将。"他招士兵，也专要"朴实少心窍"的山民。

曾国藩打仗善打愚战、笨战，不善打巧战。他一生不打无准备、无把握之仗。湘军作战以"结硬寨、打呆仗"闻名。打仗基本上不主动出击，而是诱使敌人先来攻他，后发制人。太平军最希望诱使湘军野战，但湘军绝少野战。湘军主动攻城，也是用最笨的方法，如同巨蟒缠人一样，用一道一道的壕沟把这座城市活活困死。他们攻城的时间，不是一天、两天，而往往是一年、两年，每天的主要任务就是不停地挖壕沟。安庆、九江，都是这样打下来的。等战争结束，城墙外的地貌就都被湘军彻底改变了。

曾国藩一生待人接物更是以诚为本，以拙为用。他的想法是："纵人以巧诈来，我仍以浑含应之，以诚愚应之；久之，则人之意也消；若钩心斗角，相迎相距，则报复无已时耳。"

看似笨拙的人能成事，正是因为笨拙的人没有智力资本，所以比别人更虚心。笨拙的人从小接受挫折教育，因此抗打击能力特别强。笨拙的人不懂取巧，遇到问题只知硬钻过去，因此不留死角。相反，那些有小聪明的人不愿意下"困勉之功"，遇到困难绕着走，基础打得松松垮垮。

"拙"看起来慢，其实却是最快，因为这是扎扎实实的成功，不留遗弊。

人为什么活着

 **勤劳的人节制勤劳**

上大学时，经常逛校门外的一条商业街，发现有两家卖竹制品的小店。两家店刚开始卖的东西都差不多，从花篮、扇子、鸟笼到竹雕，应有尽有。开店的是两个老师傅，他们在店内不停地忙碌，手头上竹条飞舞，技巧娴熟，转眼，一个漂亮的花篮就呈现在柜台上。这么强的现场感，让路人忍不住进来看看，顺手买点儿东西回去装饰自家的客厅，只有这时候，老师傅们才会停下手头的活计，过来招呼一下顾客。

不久，情况就慢慢地发生了变化。由于花篮、扇子等实用类的东西比较畅销，第一家店的师傅一见东西卖光了，就不停地接着编制新的东西补上，从早忙到晚，像一只勤劳的蜜蜂。而第二家店呢，每天卖完做好的一批东西后，宁愿闲下来，跑到周边的书店去翻一些传统工艺雕刻的书看看，这是他的爱好。没事的时候，他就拿出竹根刻画实践。因此，他店里卖的东西也不时染上他试笔时期的风格，有种特别的味道。

渐渐地，两个店的顾客也发生了分化。来第一家店的都是上

人为什么活着

下班买菜的家庭妇女、满头大汗刚搬家的小青年、匆匆而过的遛鸟的老头儿，有时候会传来讨价还价大声争辩的声音。来第二家店的顾客明显比较悠闲，东挑西拣，淘宝式的，有时候，大学里的老师也会在这个店里买一两件东西回去。这家的东西偶尔比第一家的贵点儿，也没有人多计较。

3年后，第一家店还在这条街上卖廉价的竹制品，第二家店已经搬到市中心的高档礼品店，老师傅已经被尊称为当地的民间工艺美术大师，他一个月只要雕琢一两件作品，动辄卖出上万元。两个老师傅都很有天分，也都很勤快，然而一个懂得节制，一个沉迷于重复的勤劳中，最后两者的差距越来越大。

上天给我们勤劳的双手、聪明的心灵、精巧的技艺，不是用来被无度挥霍的。勤劳的人懂得节制勤劳，正如聪明的人懂得节制聪明。同样是手工艺人，有的人勤劳地重复着过往的一切，将最初的灵性消磨殆尽，最终成为一个熟练的工匠，有的人勤劳地思考着以更好的方式创造风格和新鲜，最终成为独树一帜的工艺大师；同样是写作者，有的人勤劳地制造文字垃圾和学术泡沫，有的人勤劳地博览群书，厚积薄发，惜墨如金，下笔却有神，最终修炼成为文坛巨擘；同样是歌手，有的人勤劳地制造口水歌和应景曲，客串酒吧，风过了无痕，有的人勤劳地四处采风吸收民间和传统营养，仅以一曲便可传唱百年；同样是才思敏捷者，有的人勤于应酬和夸夸其谈，获得结局如江郎才尽，有的人勤于躬耕书斋，调研四野，在冷板凳上也能开辟一方学土，成一代宗师……

一种勤劳，不能补拙，反而制造庸人、浮徒和招摇撞骗的江湖游士；一种勤劳节制另一种勤劳，不以量来堆砌身价，而以质博长久。勤劳者请珍惜上天赋予的才能吧，节制勤劳，远离喧

嚣，固本培元，尊重价值，爱惜羽毛，懂得沉静、沉淀、吸收、净化、提升，这样的人生，最有可能进入菩提成佛、百川归海、化蛹成蝶的境界。

人为什么活着

亲近生命，像牛羊亲近青草

　　有个特别的女人，叫张树新，她的经历很具有传奇色彩，下海之前当过政府官员，做过报社记者，然后创办了国内第一家互联网接入公司，称得上是互联网的教母级人物。1996年深秋的一天，北京白颐路口竖起了一面硕大的牌子，上面写着："中国人离信息高速公路还有多远？向北1500米。"——前方向北1500米，就是瀛海威的网络科教馆。

　　张树新为瀛海威打出的这句广告语，其口气之大、胆色之壮，一夜之间便令瀛海威在中关村地区迅速扬名。

　　后来出于种种原因，瀛海威在互联网的新一轮大潮中衰落了。但张树新依然在"树新"，她又创办了一家联和运通投资顾问公司。

　　40岁的时候，张树新突然有一天死活想不明白，为了生意去见不喜欢的人，说一些自己不喜欢的话，觉得自己很耻辱。

　　她开始想当初为什么要下海？因为钱太少，因为不自由。今天，你挣了钱最想干什么？我想要一个在海边的书房。我已经有

人为什么活着

了——张树新在大连有一个比北京大两倍的书房。我突然发现我的痛苦在于没有时间坐在那里看书。

那一刻,坐在家里读书的愿望超过一切!

终于,2008年的时候,张树新解放了自己,从联和运通投资顾问公司的业务中退出,和丈夫一起开车游历世界。她好像有双制图员的眼睛,以观察为乐,看到了这个世界的经络、肌理和纵横。

她的这种姿态使一些企业家朋友感到难堪,那些企业家活动之类的,她现在一概不参加,她说不知道说什么,又不愿意说假话听假话,别人说假话好受自己不好受啊!

记得七八年前做财经杂志时,张树新身处回购瀛海威的纠纷中,看过她的一张照片:她一个人坐在会议室里,神情严肃。这副表情在现在很多企业家身上都可以看到。6年后,张树新脸色红润,精力旺盛,说起话来铿锵有力,盘腿儿坐在阳光下,她咄咄逼人的语言涉及更多出于对知识和思想的热爱。我觉得她活年轻了。

有一个特别的男人,叫柳传志。这老头儿很多中国人都知道。很多企业家,要做成一些事情,总会放弃一些原则,放弃一些底线,历经委屈或扭曲,长久之后,说话四平八稳,做人滴水不漏。但柳传志不同,65岁的老人,说到不平事,依旧会激动,语速加快,表情丰富。

张树新和柳传志,并不因为他们是企业的大老板才显得独特。而是因为,在商界这个大染缸中,经历过形形色色的人和事,他们并没有吸收任何毒素。有些童贞的东西,他们始终没有放弃,始终坚持。这份坚持,使他们独特。

这就是赤子之心。童话里说,有个国王很挑剔,老是找不到满意的妻子。有一天,他在森林边邂逅了一个仙女一样纤尘不染的姑娘,对她一见钟情。他要娶她为王后,姑娘答应了,但她有一个条件,每天下午4点钟要回森林一趟,只要一个小时,5点钟一定出来。不要问她为什么,也不要跟着她。国王说好啊,就把姑娘带回了王宫。年轻的王后一下子赢得了所有人的喜爱。她给国王生儿育女,协调宫里宫外的事情。她不忧伤、不烦躁,把一切都安排得井井有条。国王觉得她是一个完美的女人,但雷打不动的是她每天必须在那个时间回森林。

一晃二十多年过去了,儿女已长大成人,而人到中年的王后模样儿还是和当初一样:年轻、柔美、鲜亮,也不发脾气。国王越来越恐惧,觉得自己娶的不是一个凡人。他怀疑她每天回森林是为了被施以魔法。那种强烈的好奇心折磨着他,让他违背了承诺。终于有一天,他悄悄地跟着王后进了森林。他看着王后走走跳跳,来到一条小河边,绿绿的草地上有石头、鲜花。王后摘下镶满钻石的皇冠,脱下华丽的袍子,再一件一件脱下所有的衣服直至全身赤裸,就坐在了草地上。

她看一会儿天上的流云,玩儿一会儿溪水,闻闻花香,听听鸟叫。那个时候光线还很好,那笼罩着她的光芒,特别柔和、饱满。没有什么仙人,也没有魔法。一个小时后她一件一件穿好衣裳,戴上皇冠,提着裙摆一蹦一跳地走出森林。

其实这二十多年间她只是每天做同样一件事情,这就是让凡人成为仙女的秘密:让自己宛如处子、婴儿,回到自然里。那一小时的时间内她不是王后,不是母亲,什么社会身份都没有。她只是一个处子,像牛羊亲近青草那样亲近自己的生命。

张树新和柳传志虽然年龄都很大,但是他们的心都宛若处子,并且找到了在凡俗琐碎的生活里亲近生命的方式,他们亲近

人为什么活着

  书，亲近自然，对生活保持一种好奇心、一种动手的快乐。柳传志是个喜欢读书的人，读得很杂，每读完一本书，他都能总结出一些道理，并把这些道理与同事、朋友甚至记者交流。张树新的书房占据了整整一层楼。深色的木质书柜从地板一直到天花板，除了书以外，没有别的装饰物了——让人有种幻觉：这里从未有人造访，那些代表知识的幽灵四处嬉戏，一旦有人敲门，它们就"嗖"的一声回到书里面。除了书房，她还掌管着一个地下酒窖、一个家庭影院，做得一手好菜。

  其实我们都可以像仙女一样，像柳传志和张树新一样，每天给自己静默的一小时，读书、写字、看戏、观景、游戏、手工……转换生命坐标，摆脱身份的束缚，精神跨越肉体，因此保鲜了生命，因此抗拒了流年，在人群中显得独特。

玩物励志

在日益物化而又匆忙的生活中，闲居一隅，寄情于物，是否就是对远大志向的牵绊？尤其是对时间就是金钱、时间就是效率的人们来说，玩物有没有丧志的嫌疑？

在古代文化史上，李渔留下了一本非常好玩儿的书——《闲情偶寄》，集玩物之大成，举凡词曲、演习、声容、居室、器玩、饮馔、种植、颐养等，几乎无一不备——萱子编著的《李渔说闲》，就是一本专门解读《闲情偶寄》的小书。

李渔这个人，套用一句时髦的话来评价，属于古代社会的"布波族"，他虽然一生不曾做官，但小日子却过得有滋有味儿，既拥有"布尔乔亚"的财富，同时也像"波希米亚"一样精于个人享受，并有着独特的艺术理想和生活追求。从《闲情偶寄》涉猎的内容可以看出，李渔的确是精于生活享受的，他不但拥有相当高明的艺术观，对人生每一处细节的审美，也都达到了极高的境界。李渔善于在平凡的生活中发现美，无论是寻常女子的着衣化妆、普通居室的摆设装潢，还是养花莳草、酒水饮食，

 人为什么活着

　　李渔崇尚的美,首先即是本色天然的体现。他说:"昔人云:'会心处正不在远。'若能实具一段闲情、一双慧眼,则过目之物尽是图画,入耳之声无非诗料。"李渔说出的,其实正是一个人对于美的主观感受,而他的个人生活,本身就是一个充满智慧的、创造和体味的过程。

　　像李渔一样精于生活和事业两者平衡的人不在少数,停下脚步,等等灵魂,有时候,玩物不是丧志,而是励志。

　　微软亚洲研究院院长张亚勤喜爱围棋,他最爱武宫正树的棋风。武宫正树的一句名言是:"棋盘上的边边角角算什么?中央才是浩瀚无际的天空。"武宫正树追求的是下棋的境界,而不是一盘棋的胜负。

　　棋道即商道,张亚勤说围棋对他最深远的影响是:不再紧紧盯着眼前的几步棋,有时为了全局的胜利,牺牲局部的利益也在所不惜。不知道张亚勤在围棋上的造诣如何,但作为微软中国研发集团的领军人物,他在科研上的造诣是显而易见的。他是数字影像和视频技术、多媒体通信及Internet领域的世界级专家。12岁考上中国科技大学少年班的神童;23岁在美获得博士学位;31岁就成为美国电气电子工程协会100年历史上最年轻的院士;38岁当上微软全球副总裁,临危受命前往总部掌管移动及嵌入式产品线,并在短短两年间确立了微软在手机操作系统第一阵营中的地位,这一事件被业内分析师称为一个"分水岭"……这样一些辉煌的经历,注定他的锋锐,可祖籍山西的他偏偏最欣赏围棋的藏锋哲学。

　　"藏智而近拙,藏巧而近朴;藏富而不奢,藏势而不妄。"这或许就是张亚勤执着的棋道和商道。

　　重庆燃气(集团)有限责任公司董事长兼总经理蒲自庆痴迷于

人为什么活着

光影的抒情。他拍下的照片总有一种迥然不同的味道，这一点"不同"，划分出了泾渭：别人的眼光被取景框支配，蒲自庆却是用心支配取景框。当别人成为五彩斑斓风景的迷失者时，蒲自庆却在走向真正的光影猎手，他独具慧眼，能够在五光十色的环境里准确地找到审美目标。

蒲自庆在重庆举办过个人摄影艺术展，出版有《瞬间与永恒》《灵光梦影》等摄影作品集。他拍摄的名为《对话》的海外写真和另一幅卷曲枪管意寓和平的雕塑照片，在重庆市摄影家协会大赛中摘取了银奖、铜奖，并奠定了他在重庆摄影界的地位。

事实上，真正让蒲自庆得益于长远的，并不是闪闪发光的奖牌，而是内心的摄影灵感被激活，是他心灵的"第三只眼"发射出光芒，从此目光如炬。

我们也许注定要生活得平凡，但没有理由生活得乏味。人生并不是活给别人看的，所以真正的幸福如鱼饮水，冷暖自知——如果我们能像李渔、张亚勤、蒲自庆那样善于从喜爱的事物中发现乐趣、创造乐趣，脚下的路就会更加丰富而精彩。

# 太早或太晚

（一）

晚上12点钟，有一位老兄在宿舍里喝了一大碗酒，把瓶摔碎了。我拉开被子悲哀地看着一个失恋疯子的表演，然后架着一个不会行走的躯体到医务室去了。感情大抵是盲目的，醒后的人说，只有爱过、恨过、盼过、伤过、痛过的心才知道什么叫清醒。

清醒之后是冷静或者自卑，而这两者都是对激情的剥夺。那些隐藏在我们背后的伤口，如同那细微的裂缝的杯子，一滴滴地滴出我们的热情和冲动。在早上醒来的时候我无精打采，你说我沉默的时候没有激情。这时我才觉得遗憾，我们没有在适当的时候相逢。太晚遇上你了，我已经不再像从前那样，会义无反顾地爱一个人。在情人节里我会买一束玫瑰给你，但不会像从前对另一个人一样，凌晨一点钟爬起来，到广场上偷采一束沾着露水的

刚开苞的玫瑰。在没有星光和月光的夜里,我会陪你默默穿过一条黑漆漆的胡同,送你到家门口再转回,但不会再像从前对另一个人一样,一路长话笑语让她开怀。我学会了含蓄而委婉地表达我的一切,正如我那支越来越老练的笔,再不会像从前一样,爱得冲动,恨得冲动。

渐渐疲软的爱情,多么渴望一次尽情地远游,因为这样的浪漫,有可能不复再有。

(二)

邻家的阳台上,洗过的被子被风高高吹起,像睡眠和梦的形状在飞翔。你说:"我要走了……"我想:"你要走了……"这使我想到,我想伸出手来抓住点儿什么时,抓住的只有空气。春天的午后,阳光猎去了影子,我的心留下了空白。我一直在想:"你要走了。"以致忽略了你目光深处的内容。我们是一棵树上垂着头的两片叶子。当你想说什么时,你的心扉在启开。当我想说什么时,我的心扉在启开。但最后我只握住你的手说:"多多保重……"这时我们的心扉都关闭了,尽管我们的鼻子还是酸的。

木屐声擦过午夜的大街,秋风里裙子已经褪色,路灯的光芒垂下来,像长长的胡须,一个渴望被爱的人,总会想起那个夏天的心痛,像一个酩酊大醉的人总唱着那支怀念的歌。

人为什么活着

 **爱的修炼**

前不久，同事签了一个星期的年休假。回头才告诉我，她用这一个星期的年休假陪7岁的儿子做了一件特别的事情，带着儿子在当地景区徒步旅游。

儿子想买一个iPad，做妈妈的很有耐心，不是简单地掏出几千块钱帮助儿子满足心愿，而是对读小学一年级的儿子说，离开学还有一周时间，我可以请一周的年休假，带着你在南京徒步旅行，从鼓楼的家中出发，到玄武湖，环湖一周，再登紫金山，穿越紫金山往东郊走。如果你能完成这一旅程，就奖励一个iPad。

儿子很想要iPad，劲头儿十足地出发了。第一站，从家到玄武湖，开始环湖游。走到太阳快落山了，还剩一点点余晖，正好落在一栋高大的建筑物上。儿子说，妈妈，你看那像不像一只红红的大耳机啊，要是我戴上的话，感觉就很暖和。儿子的这种观察力让妈妈很欣喜，但第一次走这么远的路，同事直喊累死了。走到玄武湖边的白马公园时，天已经很黑了，她想回家，可是儿子不想回家，他要兑现诺言，如果回家就没有旅行的意义了。

人为什么活着

　　到这个时候，是儿子带着妈妈在走，妈妈想"罢工"都不行了。他们在外面住了宾馆，第二天向第二站紫金山进发。都市人锻炼得少，加上前一天徒步一天的劳累，妈妈爬山登台阶时小腿肚子酸胀得不行，每上一层台阶，都酸痛一下。可儿子精力十足，总是连登几个台阶，再停下来等妈妈。后来干脆拉着妈妈的手前进。等到山顶已经是傍晚四点多了。

　　三天徒步回来，同事躺在沙发上都不想动了，就拿起桌上的一份报纸看看，正好看到南京一个大学生花3000元穷游欧洲的事。儿子一看很来劲儿："我们也来做一个这样的报道。"

　　于是，儿子口述，做编辑的妈妈敲键盘，在Word文档上完成了一份小报，头条整版报道儿子三天背包徒步游玄武湖、紫金山的事。从打印店里拿回来A3版图文并茂的小报，儿子爱惜地左看右看，还担当起"校对"一职，说要仔细检查，看看有没有错别字。

　　小报虽然才印了5份，却被朋友们争相传阅。我看了同事的这份家庭小报，对比自己陪伴儿子一起游戏时少得可怜的时间，一是自愧不足，二是佩服这个妈妈的耐心。

　　徒步回来，同事说最大的收获是发现孩子比她预想中的要坚强、能干得多，平时他不是走不了这么多路，而是父母根本没给他机会去走。看得出来，做妈妈的很自豪。因为她如约给儿子钱买iPad时，儿子的使用方式，是征得妈妈同意，不买iPad了，而是去买一顶帐篷，以便将来再徒步旅行时使用，省下旅馆钱。当妈妈站在儿子背后，陪伴他完成了那一段孤独徒步的旅程。相信孩子更有收获。徒步，让孩子走得出来，又回得去。走出去，看看一路的风景，看看世界和待在家里有什么不同；回得来，亲情更融洽，同时浅浅地懂得生命到底需要怎样的情怀。

人为什么活着

　　爱的修炼其实没有什么豪言壮语和惊天地泣鬼神的际遇，而是平常生活中平等尊重，耐心陪伴，就像农夫在地里田间的修炼，播下一粒种子，松土、浇水、施肥、捉虫、剪枝，甚至和它低语。日复一日，耐心地看着它一天天生根发芽，开花结果。就像老师在课堂上的修炼，她可以容许用一堂课的时间，等待那个朗读语速很慢的孩子把一篇课文读完，这种耐心看似很"奢侈"，因为没有"讲"什么，但细想其效果，则又非常惊人，学生学到了尊重差异，学到了欣赏和包容。

　　无限的耐心唤起无限的爱，无限的耐心也会成就无限的爱。

爱的递进式

○遇上一个人

一个过来人，也是我的一位良师，对我说，要珍惜，要珍惜！珍惜你爱的人！

因为遇上一个你爱的人，是多么偶然！据说，在这个广袤的世界上，一个人与另一个人相遇的可能性只有千万分之一，成为朋友的可能性大约是两亿分之一，而成为终身伴侣的可能性是五十亿分之一。

遇上一个你爱的人，又是多么不容易！在爱上她之前，我一直在等待。在人群中，找了她好多年，那是多么孤独的日子；在爱上她之前，我在心中千万遍刻画她的形象。我知道这个世界上必有她的存在，必有她成为我的一半、我的太阳，必有她容纳我并拥抱我的一切。我知道她在前方的某个路口某个站台等我，然

后出其不意地走过来，出其不意地和我相识相知。就这样，我很孤独很快乐地走在这条路上。就这样，我们在某个黄昏某个雨后相逢，不是太早，也不是太晚。在岁月的记忆中，没有留下"恨不相逢未嫁时"的遗憾，也没有留下"嗨，你也在这里吗"的轻叹。就这样，我拉着她的手指，拉着这美丽的孤独，不需要言语与言语的叙述，仅仅是意念与意念的融流，我们却获得了永久。这是多么难得！

因此，要珍惜！

○爱上一个人

一天晚上，一个读过我文章的笔友打电话问我："爱上一个人是什么感觉？"

我想起周国平说过的一段非常贴切的话，那正是我想要说的话。他说，爱一个人，就是心疼她，怜她，宠她。心疼她，因为她受苦；怜她，因为她弱小；宠爱她，因为她这么信赖地把自己托付给了你。

爱是一种多么深沉的依恋，又是一种多么无休止的挂念啊！你爱她，便牵挂她，而且牵挂得近乎神经过敏。在你眼中，她永远比你甚至比一切世人都要脆弱，唯有你能洞察她强韧外表掩盖下的脆弱。你在大风中行走，无端地便担心她住的地方是否安稳；你从窗户上听到雨声，没理由地便猜想另一个城市中的她出去是否带上了雨伞；你在睡梦中惊醒，莫名地便忧虑她的旅途是否平安。爱一个人，就是这种满腔柔情、水漫肺腑的感觉啊！

人为什么活着

以前，有人不断地追问我：韶华易逝，红颜易老，现在你爱她年轻时的容颜，将来你会继续爱她备受岁月摧残的面貌吗？你爱上她时，她是你眼中最漂亮的，可现在你发现周围有更多比她更漂亮的，你确信自己真的爱她吗？你确信自己是世界上最爱她的人吗？

是的，我爱她。以前，我爱她的美丽，清纯，温柔，贤惠，聪明。现在我更爱她。我把她当作一个独一无二的生命来爱。爱她整个的人，爱她独一无二的心，疼惜她的孩子气。美丽，清纯，温柔，贤惠，聪明，在别人身上也能找到，但她的生命在别人身上无法重组或再生。我现在愈来愈感觉到，她是我生命中多么不可分割的一部分。

爱一个人，就爱她的全部，爱她的整个生命，不挑剔，不因岁月的流逝而变迁。

○爱上一个人的世界

生命纯属偶然，一个生命要依恋另一个生命，相依为命，结伴远行。因为爱你，我才知道在这个世界上，人是多么孤独的漂泊者，彼此要相依相靠；因为爱你，我才知道这个世界需要珍惜和感激；因为爱你，我学会了平等待人，平静看事，和世界平和相处；因为爱你，我才更加理解这个世界，从而更爱这个世界。

后来，你走了。我依然记起你。记得你的笑，记得你的好。我把相爱的一切当作一个美好的梦来重温。记在心里，写在字里。你应该庆幸，爱没有让人走向偏激和毁灭，而是走向豁达和

人为什么活着

圆满。读懂我文字的人也读懂了爱，我把我感受到的那份爱回馈给了世界。

那位叫贝多芬的老人，他把他在爱中受伤的心融在音乐里，让整个世界的人从他的音乐中感受到爱。有一位画家，她将现实中未完成的爱铺在画布上，让所有看画的人感受到了爱的温暖。真爱不会让人走向冷酷。爱过一个人，没有成功和失败的区分和评价，只有感觉生命中留下的温暖，像燃烧的火把，照亮余生。

爱一个人的世界，这个世界也温暖。

人为什么活着

善是精神的契约

1935年,在纽约市一个最贫困最脏乱地区的法庭上,一个老妇人因偷窃面包正被审问。老妇人头发凌乱,手在微微发抖,嗫嚅着说:"原谅我。我需要面包来喂养我那几个饿得直哭的孙子,他们好几天没吃东西了……"她抬手去抹眼角的泪水。法官依然冷若冰霜,当庭宣称:"我必须秉公办事,你可以选择10美元的罚款或者10天的拘役。"

判决宣布后,时任纽约市长的拉瓜地亚从旁听席上站起来,脱下帽子,放进5美元,然后向其他人说:"现在,请诸位每人另交50美分的罚款,这是为我们的冷漠付费,以处罚我们生活在一个要老祖母去偷面包来喂养孙子的城市。"旁听席上的每个人闻之动容,认认真真地捐出了50美分。

他告诉我们,人和人之间,并非孤立无关的。人来到这世间,作为社会的动物,是订有契约的:物质利益的来往,有法律的契约;行为生活的交往,有精神的契约。

芸芸众生的世界,其实就是两个人的世界。看似纷繁复杂的

 人为什么活着

精神契约，也只是两个人的契约，丈量的是自己和外人的关系。这契约就像上帝给我们的一柄长勺，只有互相喂给，对方才能吃到食物；也是锋利的刻刀，只靠一种自我雕琢远远不够，还需要别人的帮助才能最终完成生命本色的浮凸。善，并不仅仅是一种与冷漠、奸诈、残忍、自私自利相对的品质，还是一种精神契约。它是自发的，没有谁强制你。

善就是感同身受，同情人之不幸，理解人之需要，给予恰当的帮助。善的权利，却被蒙上了误解的烟尘。在生活中有人做好事吃亏，以为善无善报，那就错了。相对于现实利益的回报，善更多的是精神的补偿。善者，内心有光，周身有爱，对世间常怀恻隐之心，人生就不会轻浮；意识到自己对于他人的重要性，就会产生自信、自尊的感受。

我想起一位名叫马丁·尼莫拉的德国新教牧师，他在美国波士顿犹太人屠杀纪念碑上铭刻了一首短诗：在德国，起初他们追杀共产主义者，我没有说话，因为我不是共产主义者；接着他们追杀犹太人，我没有说话，因为我不是犹太人；后来他们追杀工会成员，我没有说话，因为我是新教教徒；最后他们奔我而来，再也没有人站出来为我说话了。这正是背弃精神契约的最终结局。

人心只有向善，才能被阳光照耀，所以善的契约才在世界普遍存在。懂得珍惜这种契约的人是高贵的，懂得为冷漠付费的人是明智的。背弃精神契约的人，最终将被全世界抛弃。

人为什么活着

你有没有被这个世界温柔地待过

那天,她和男朋友分手,伤心欲绝。站在人来人往的大街上,不知何处可去,不知何事可做,万念俱灰。随手打了个车,去最要好的闺密家。

车拐弯,等红灯的时候,看到前面甜蜜地相拥着过斑马线的一对恋人,勾起爱情的前尘往事。一路上,眼泪止不住地流下来。快到地方的时候,司机师傅把车停在路边,半天不说话,她才注意到他肩膀一耸一耸的。那司机师傅扭过头,说:"姑娘你看你,你一哭,我也不知怎么了,也跟着哭,这没出息的!姑娘我跟你说,除非爹娘没了,什么事都不值得你这么伤心!你听我的,别哭了,生活好着呢!"不知怎么,听着这话,她乱麻麻的心就静下来了。

闺密在电话里,早就知道她身上发生了什么事。见面的时候,见她眼睛还红得像个兔子似的,闺密却丝毫不提失恋那事,只是有一句没一句地闲扯大学时候一直在心里惦记着的几件小事。

人为什么活着

　　闺密问，你还记得我们宿舍楼下卖煎饼果子的那个阿姨吗？我的早餐经常只到这个摊子上买。有一天，突然下雨了，我穿着短裙和T恤下楼，没注意到天气变化，这么短的路程，又不好意思返回去加件衣服。在摊子旁等我的煎饼果子，全身冻得瑟瑟发抖。做煎饼果子的阿姨发现了，非得给我一件她的外套让我穿上，说小心别冻着。当时的感动啊，都不知道脸上的是不是雨水了。

　　还有一年暑假，坐火车回家，人多，我路程短，就给一个农村老奶奶让了座。她从自己的包里拿出一个苹果，塞给我说"你吃"。我看着没洗过的苹果有点儿犹豫，那老奶奶又掏出一块皱皱的卫生纸，使劲儿地擦了擦，又递给我，说："姑娘你吃，奶奶擦过了的，不埋汰。"我没再犹豫，那老奶奶很开心地看我把苹果吃完了。

　　……

　　闺密一件一件慢条斯理地说着，她听着听着就把身上刚刚发生的伤心事给忘了。在心底里，她也泛起了这样一两件小事，有关温暖的。

　　有一个周末，她骑着电动车去菜市场买菜，马大哈的她钥匙没拔就走了进去。提着一把菜回来，看见一个老太太坐在那里替她看了大半个小时，让她感动得都不知道该说什么才好。

　　大二暑假，她一个人背包去走墨脱，在山上遇到一对当地的父子。他们脚力稳健，远远地就把她甩到了后面。但让她惊讶的是，当她走到一条溪流前时，发现他们竟然坐在那里等她。看到她走来了才站起来，他们是门巴族，语言不通，只能用手比画着，意思是要带她过河。这条河流水太急，她一个人蹚不过去，外地人是不知道的，所以他们特地在这里等着她一起过河。当时

她真的感动得要命。

还有没有呢？其实想想，还真的有很多，大学时，生病吃不下饭，所以只打一两，刷卡后，那个打饭的小伙子给她打了满满一碗。她愣在那里，结巴地问他：这……是一两吗？他咧着嘴笑着说：你太瘦了，要吃多点儿。她不记得是怎么离开食堂的，但是那碗白花花的米饭让她感到无比温暖。

……

那个下午，闺密貌似什么安慰的话都没有说，但她心上的伤却被悄悄地抚平了。其实她也明白了闺密的心思，谁没被这个世界温柔地爱过呢？那个爱过你的人，可能是你的至亲，也可能就是路边的一个陌生人。不要对生活轻易地绝望，在某个下雨天里，当你翻捡起那些藏在角落里的美好，心里就会泛起温柔的涟漪，眼前受到的某个伤害、遇到的某个坎儿，就风轻云淡，不算怎么回事了。

人为什么活着

追寻爱的微光

"世界虽大，转角有爱啊。"这是保加利亚电影《在世界转角遇见爱》中主人公常说的一句台词。那也是一部关于"外公"的电影：亚历山大因为一场严重车祸而失去了记忆，此时一名自称是他祖父的男子百丹突然出现，要带他"回家"。为了重新唤回记忆，亚历山大决定追随百丹，展开一趟"回家"之旅。祖孙间的动人亲情和一段奇迹之旅，让观者泪流满面。

同样是一个关于"外公"的故事，发生在母亲节前。一个北京女孩儿想在微博上给外公圆一个梦。外公重病，时日无多，遗憾当初没能四处走走看看各地风景。于是女孩儿在微博上求助，她为外公画了张肖像画，希望网友们能拿着它，与所在地的地标合影然后用邮件传给她。

短短一个周末时间，这条微博已被网友转发86275次，评论11922次。打开女孩儿的微博，来自全球不同时区不同地域、主角唯一、景色各异的照片，在其微博主页上海量呈现，令人震撼。全球网友默契地展开了一场"带外公看世界"的爱心行动，

 人为什么活着

除了国内的大街小巷，外公还欣赏了不少异国风光：CCTV驻巴西站记者带外公去了巴西狂欢节，主持人李艾带着外公吃了成都的"钵钵鸡"，飞行员"悲愤的粗口"邀请外公进入了波音737的驾驶舱，网友送上来自南极的祝福……

人生虽短，爱却绵长。脚不能到的地方，心却可以到。对于这样一个举手之劳的转发和邮件，相信没有一个人会拒绝。这是群体的力量，涓涓细流，传递关注，再微小的力量汇合在一起，也能办成一个英雄式的壮举。

某个高校里，有个女孩儿得了血癌，需要她一辈子可能都承受不起的医疗费，但她的室友发了一个求助微博，有人证实后，微博上不留名的捐助源源不断而来；城市郊区里的农民，坐在菜地里为一大堆卖不出去的大白菜发愁，有好心记者发出一条微博后，在周末，城市里的人们蜂拥而来抢购滞销的蔬菜；一名山村女教师因学生无钱购书，发微博求助，有心人在微博上不断传递这一消息，最后她终于收到五六千册图书，在学校里建立起一个小型图书阅览室，为孩子们打造出一片小小的求知天空；有一个农村留守的孩子跑到了城市，要找到十多年没有回家的妈妈，警察帮他发了一个寻人微博，一传十，十传百，百传千，这样一条不惊人的寻人启事竟然传奇般地被当事人偶尔看到了，母子终于团圆……

这样的故事，每天都在发生。现实中，我们心灰意冷，互相猜疑，充满戾气，欺骗腐蚀了信心，冷漠包裹了善良，没人愿意在缺少绿意、没有风景、粗糙的沙砾路上做一个堂吉诃德式的孤胆英雄。曾经，在马路边，我想扶起一个老人，却担心那会不会惹上一桩官司；我想放些零钱在路边儿童的破碗里，又怕暗处一双看不见的眼睛在嘲笑……可是，在这个谁都不认识的微博江湖里，我愿意默默地关注，随手转发，举手之劳，让我看到那个藏

在拐角之处小小的善和感恩，在没有现实眼睛的关注下，在面对自己内心真实选择的时候，爱更容易自己跑出来。

因此，我得承认，微博是一个比现实中更容易打破冷漠围墙的平台。

文友程刚写过这样一个故事：在一个冬天寒冷的黄昏，天空中有零星的雪花飘落。他路过天桥，一个流浪老汉蜷缩在透风的桥底下，开始路人们匆匆而过，谁也不会看他一眼。直到有个买菜回家的中年女人停下脚步，从购物袋里掏出一叠报纸盖在流浪汉身上。这个举动基本上是无效的，风很快就会把报纸刮走，何况薄薄的报纸基本上也起不了御寒的作用。可是旁观的笔友想错了，中年妇女的举动潜移默化地影响了路人。一个帅小伙儿解下了他的围巾，一个时髦的女孩子从袋子里掏出一条毛巾盖在流浪汉身上……很快，流浪汉身上已经有了一件厚厚的军大衣。这是一张报纸的蝴蝶效应。

爱对爱的影响是一个多么神奇的过程。爱要诱因，爱要激发和鼓励，后来我注册了微博，见证了无数的善举和奇迹，发现在微博上，这样的激发、这样的共鸣式的蝴蝶效应更容易产生。

我们不得不承认，外面的世界无论多么冰冷，人的内心终究还在追寻着善的微光。否则，你在微博上看到穿着破烂的"微笑哥"不会身同其感，对着烟花的夜空绽放无瑕的笑容；那个麦当劳外陪着乞丐一起吃薯条的美国小伙子也不会一下子击中你温暖的内心；萝卜哥先是被人偷菜的悲剧然后变成众人捐钱买菜的喜剧，行走在拥挤人群中的你也不会遇到。因此，在琐碎而又平常的日子里，你我都愿意选择动一下拇指，给爱一个机会，照亮别人，也照亮自己。

 生日

前几天,突然想起给家里打个电话,接电话的是老爸。唠完家常后,我问妈为什么不接电话。爸笑着说:"明天是你妈的生日,你姐和姐夫们都要来,你妈忙着准备生日宴,没空儿接你电话。"妈的生日,我愣了半晌,我什么时候记起过爸妈的生日呢?没有。我相信大多数人也和我一样,可能记得老板的生日,记得同学的生日,记得女朋友的生日,但很少有人刻意去记父母的生日。我记得有一次班里填表格,在交上来的一大堆表格中,其他的空格都填得满满的,唯有父母生日一栏空荡荡的。

但父母一定记得儿女的生日。在物质贫乏的童年里,一年中总有某一天,当我玩儿得满头大汗跑回家的时候,妈妈给我擦把脸,端上一碗面条,里面埋着两个鸡蛋。吃完后,妈妈会笑眯眯地告诉我:"今天是你的生日。"生日就等于两个幸福的鸡蛋,有人可能感到奇怪,两个鸡蛋就幸福了?他不知道两个鸡蛋在一瓶酱油都买不起的年代里的意义。那时乡下有人结婚了,送上七八个鸡蛋就是一份大礼。

从我能够吃得下两个鸡蛋的六七年里,每个生日我都幸福

 人为什么活着

地独占两个蛋黄蛋白的营养,从没有落下过,因为妈妈从来没有忘记过我的生日。我曾问她为什么对我的生日记得那么清楚。她说:"儿的生日,娘的苦日,怎么能记得不清楚?"而她从不会提起自己的生日,也没见她吃过鸡蛋。我也不会问,那时候的我们,都长着一副马虎眼。

儿的生日,娘的苦日。现在想起妈妈说过的这句话,才感到丝丝的震颤。在生理的脐带剪断前,做娘的受过多少痛楚啊!在生理的脐带剪断后,到成年自立之前,心里的那根脐带却还连着,那可能就是你的生日。那是一根多么敏感的脐带。她惦记着你的冷暖住行,怕你烫了、摔了、崴了。在每一个年轮的节点前,最好都能打上平安的印符。你的生日,对你来说只是翻过了一页,多了新的憧憬。对妈妈来说却是暂可告慰的一个节点,表明一年操劳的成果。所以记得,并且庆祝。而节点过后,牵挂的春秋,依然绵绵无绝期。从这个意义上来说,在成年自立前,我们一直在使母亲苦着。我们的生日,仍然是娘的苦日。

什么时候才能使你的生日成为娘的喜日呢?我们很少想过。可能在离家远行以后,我们连家信也懒得写了,家里的电话也很少打了,更不用提记得父母的生日。我们把祝福的甘霖四处抛洒,却很少有一滴滋润到父母头上。可能是淡忘了,也可能是自作主张,认为他们不需要。

只有在每年一两次回家的时候,看到父母的白发又多了耀眼的一片,脸上的皱纹又加深了好几道,心里才感觉到愧疚,想为家里做点儿什么,或为父母买些什么。父母对儿女的爱和儿女对父母的爱是不对等的。父母的爱如流水,绵延密集;儿女的爱是风吹叶,吹一下,动一下。就像父母清晰地记得我们的生日而我们偶尔才记得一次他们的生日。

　　每年回家时，我都买些东西，父母也高兴地收下了，即使你买的不是他们想要的。他们高兴的不是礼物，而是你的平安归来。他们要的仅仅是这个，可是我们连这个简单的要求都很难做到。出门在外，我们不会写一封报平安的信，不会打一个问候的电话，理由是麻烦、矫情、没时间。我们喊着及时行孝，可我们什么时候做到过呢？

　　当我们坐在暖气融融的屋子里，点燃生日的蜡烛，唱着生日的歌，和朋友们分享着生日的蛋糕，庆祝一年的成长时，我们至少不会想到我们的这个日子，正是母亲受难的纪念日。我们的生日在累加，能够陪伴父母的有生之日却在递减。面对生命的残酷规律，我们几时对父母说过一句感激的话语或者想过要感激呢？我们是一群多么粗心的孩子啊！

人为什么活着

让弱者同情你

1998年，柴静辞了电台主持的工作，来到北京。那时她还不是央视的名记，她正处于失业中，每天逛图书馆，希望在报刊中找到一两条招聘记者的信息。

有一天，柴静捡到了一本很破旧的杂志，但封面的照片和故事吸引了她的目光。

一个女孩儿从背后搂着一个赤裸上身的男子的照片——那是海南的一个16岁的妓女。记者拍了她去村公所堕胎，听客人讲人生，发高烧，挣钱养男友……最后一张，是她赤着身体，躺在月光里沉睡。一个真实的震撼人心的灵魂由此泄露——这是影像的力量，柴静用心记住了摄影记者的名字赵铁林，然后给杂志社打电话，愿意做一个免费记者，条件是，和赵铁林合作采访一次。

这么好的条件，杂志社当然愿意。第二天，柴静跟着赵铁林去拍孤独症儿童的题材。治疗中心，孩子们沉默，目光黯淡。赵铁林拿着相机在旁边咔嚓咔嚓按着快门儿。柴静发现，一个母亲为了给孩子治病，白天就一直在医院里，于是她走上去问："我

 人为什么活着

能不能采访你?"

这位母亲拒绝了:"这是我不愿意和任何人谈的一部分。"态度非常坚决。

柴静一点儿办法都没有,而赵铁林准备离开,看到柴静无助的目光,忍不住转身说了一句:"你想采访弱者,就要让弱者同情你。"

看见柴静依然不明白的神色,他补了一句:"当初我拍那小姐,是因为我比她们还穷,我连吃饭的钱都没有,她们可怜我,让我拍,拍完了,她们请我吃饭。"

然后赵铁林把柴静丢那儿走了。

夜色慢慢地降下来,柴静依然不知道怎么办,只好跟着那对母子从治疗中心回家。人家进屋了,柴静只好孤零零地站在院子里。那是夏天,孩子的母亲开始做饭,进进出出,应该看得到柴静,但就是没有搭理她。

吃完饭,小孩先跑出来玩儿。孩子很小,没有注意到台阶的跨度,脚步趔趄了一下,差点儿摔倒,柴静在旁边看到了赶紧扶住他,带他在院子里一起玩儿。

过了一会儿,孩子母亲出来了,牵着一条大狗要去散步,并喊住快灰心了的柴静:"你来吗?"在散步的一段路程里,柴静采访到了自己想要的东西。

十多年过去了,柴静依然在新闻界摸爬滚打,名气越来越大,但她永远不会忘记赵铁林给她从业生涯中上的第一课——让弱者同情你!

我听柴静讲起这段往事,是在大学的一个讲座上。那段时间,正值美国2008年大选,两位总统候选人奥巴马和麦凯恩为一个水管工乔争得火热。在我们看来,一个普通的水管工是多么微

不足道的角色,但两位总统候选人谁也不敢小视这个角色,甚至需要这个水管工的同情,来决定未来牌局的胜负。

在很多人的逻辑中,弱者是可以践踏的,是用来同情施舍的,但没有想到,有时候我们更需要的,是来自弱者的同情和帮助。